石油公司上游业务发展策略研究

"石油公司业务发展战略与勘探投资策略"课题组　编著

石油工业出版社

图书在版编目（CIP）数据

石油公司上游业务发展策略研究／"石油公司业务发展战略与勘探投资策略"课题组编著．—北京：石油工业出版社，2024.1
　ISBN 978-7-5183-6552-4

Ⅰ．①石…　Ⅱ．①石…　Ⅲ．①石油工业－工业企业管理－研究　Ⅳ．① F407.226

中国国家版本馆 CIP 数据核字（2024）第 018570 号

出版发行：石油工业出版社
　　　　　（北京安定门外安华里 2 区 1 号楼　100011）
　　　网　址：www.petropub.com
　　　编辑部：（010）64523757　图书营销中心：（010）64523633
经　销：全国新华书店
印　刷：北京中石油彩色印刷有限责任公司

2024 年 2 月第 1 版　2024 年 2 月第 1 次印刷
787 毫米 ×1092 毫米　开本：1/16　印张：10.5
字数：200 千字

定价：80.00 元
（如出现印装质量问题，我社图书营销中心负责调换）
版权所有，翻印必究

编委会

顾　问：高瑞祺　梁狄刚　查全衡

主　任：廖群山

副主任：李　丰

编　委：黄金亮　王世洪　李光辉

　　　　刘炳玉　孙　平　胡晓春

　　　　吴素娟

前　言

一

2000年以来，国际油价经历了几次大的波动。第一次是从2000年的28.5美元/桶持续攀升，在2008年到达顶点97.26美元/桶，紧接着受金融危机影响开始震荡下跌到2009年的61.67美元/桶。短暂的震荡后油价再次攀升，一路拉高到110美元/桶以上，并在100美元/桶左右徘徊。然而，2014年的又一轮下跌直接让油价腰斩至2015年的54.19美元/桶，而后并没有像2009年那样迅速回升，而是一直持续在40~50美元/桶甚至一度跌至30美元/桶，至2016年油价到达历史低位26.55美元/桶（WTI），持续的低油价让整个石油行业都跌入寒冬。2018年油价见底后开始缓慢回升至70美元/桶这个公认符合供需水平的"正常"水平。业界纷纷认为油价寒冬即将过去，bp等国际石油公司都喊出了"重回增长"的口号，然而，让所有人没想到的是，一场席卷全球的新冠疫情呼啸而至，经济停摆，油价（期货）甚至在2020年4月短暂出现了负值。之后经过两年的缓慢恢复期，油价逐渐回到70美元/桶。2022年3月乌克兰危机爆发，9月连通欧洲的能源动脉北溪天然气管道被炸毁，油价再次脱离"正常"水平，冲上130美元/桶。

油价是油气行业，尤其是油气上游勘探投资的指挥棒，很大程度上影响着石油公司的短期投资经营战略。在2009—2013年的高油价时期，石油公

石油公司上游业务发展策略研究

司倾向于采用扩张型战略，将资本支出集中在上游，尤其是储量的获取上，投资策略呈现公司整体资本支出增长率＜上游业务支出增长率＜储量获取增长率的特点；而在2014—2019年低油价时期，石油公司都倾向于采取紧缩型战略，聚集核心业务，缩减投入，上游支出占总投资的比例降低。

油气产业，尤其是上游勘探开发具有长周期、重资本、高风险的特征，一个盆地的勘探周期一般长达5~8年，海上油气盆地的勘探周期更长，而全球每年的上游勘探开发投资高达3000亿~7000亿美元。如果说油气的开发还能随着油价的波动做出相对迅速的回应调整，那么勘探这一关系到石油公司未来长久生命线和整条业务价值链条的源头，是否也能随着油价的剧烈波动而随时调整呢？高油价下高歌猛进，低油价下节衣缩食，这是行业常态，但是高歌猛进应朝哪个方向前进？节衣缩食应缩减哪个环节才能有利于产业的基业长青？这些是值得每一个从业者深入思考的问题。带着这个问题，咨询中心承担了国家油气重大专项01项目"岩性地层油气藏成藏规律、关键技术及目标评价"下05课题"陆上油气勘探技术发展战略研究"的第4研究专题——"石油公司上游业务发展战略与勘探策略研究"。

专题于2017年设立，研究期限为2017—2020年。研究旨在通过对国际石油公司战略演变和不同环境下的投资策略进行研究，为我国石油公司的发展提供借鉴参考。

二

我国的石油企业以中国石油天然气集团有限公司（以下简称"中石油"）、中国石油化工集团有限公司（以下简称"中石化"）、中国海洋石油集团有限公司（以下简称"中海油"）3家国有石油公司为代表，即大家耳熟能详的"三桶油"，这些石油公司诞生于20世纪80年代初计划经济时期，在经历了体制改革后，目前正在向一体化国际石油公司迈进。我国的石油公司有3个典型特征：

第一，是典型的国家石油公司。在作为企业进行商业化经营管理的同时，也必须担负起保障国家能源安全的重担，起到能源供应"压舱石"的作用，将"能源的饭碗牢牢端在自己手里"，坚持底线思维、坚持惠民利民是

前 言

我国石油公司的责任和使命,也是一直所奉行的公司治理原则。

第二,以满足国内市场为最优先任务。虽然我国是全球第三大产油国,但由于国内资源禀赋特征和供需缺口大,目前国内石油天然气产量远不能满足国内市场需求。我国的石油公司在相当长的一个阶段内,最重要的使命之一就是满足国内市场需求,保障国家能源安全。从这个角度出发,国家提出了"七年行动计划",无论油价高低,保障国内勘探开发投资,在保障产量的同时优化投资,提升效益。

第三,我国的国家石油公司正在走向全球,逐步显露出国际石油公司的特点。中海油海外业务投资从2009年的12.19亿美元增长至2013年的255.43亿美元,增长近20倍;中石油海外业务自2009年的47.9亿美元增长至2013年的96.9亿美元,储量获取支出呈翻倍增长;中石化海外业务增幅也超过30%。

以上3个特点决定了我国石油公司在公司战略和投资策略方面,最重要也最具有挑战性的是做好油价波动下的投资策略和海外的发展战略。

三

研究不同类型石油公司发展战略和业务布局,揭示不同类型石油公司战略发展的核心驱动因素,以及不同情景下的投资规律,有利于我国石油公司在新环境中实现发展目标,履行公司责任,提升公司全球影响力。

目前,我国学者对于石油公司发展战略和上游业务布局的研究较多,如罗佐县等学者做了大量关于石油公司业务布局的研究;张礼貌、窦立荣等学者重点关注了国际石油公司储量业务和勘探业务的变化;贺新春等学者关注了国际石油公司经营业绩及发展趋势的变化。但上述研究普遍存在4个问题:

第一,定性研究多于定量分析。大批学者和研究课题都研究了不同类型石油公司业务布局和战略发展,但受研究内容限制,多形成定性研究成果,缺乏对不同类型公司在业务布局、投资策略方面的定量说明,无法与我国石油公司相关指标形成直接对比。对研究我国石油公司勘探投资策略有启发,但无法形成直接借鉴。

第二，指标统计多于总结分析。尤其是对于国际石油公司经营业绩方面，偏重年报指标统计，形成简单对比，但对业绩差异后的长期影响因素剖析以及规律性变化的总结相对较少。

第三，研究的时间范围相对较窄。如张礼貌研究了2006—2015年国际一体化石油公司储量经营指标，是目前研究期限跨度较大的研究成果。近年的相关研究成果一般以1~3年为一个研究周期，由于最近两轮油价波动周期都大于3年，且石油公司调整措施相对滞后，在1~3年内很难真正分析出石油公司业务调整趋势。

第四，对标一般以公司整体对标研究为主，缺少专门针对公司上游业务的对标研究。针对公司整体业务的对标体系构建一般偏重公司财务和业绩表现，无法完整体现我国石油公司上游业务发展与其他类型石油公司对标所存在的差距。

本研究在同行学者们研究成果的基础上，综合考虑了石油公司的国际化水平、综合业绩水平、规模大小以及在行业内的影响程度，选择了12家具有代表性的石油公司进行对标，其中5家国际石油公司：埃克森美孚、雪佛龙、道达尔、bp、壳牌；4家国家石油公司：巴西石油、挪威石油（Equinor）、墨西哥石油、埃尼石油；3家国内石油公司：中石油、中石化、中海油。研究的时间周期从2009年开始，在研究过程中以油价变化划分为2009—2013年（持续高油价）、2013—2019年（持续低油价）两个阶段，并将2020年作为剧烈波动期列为单独研究阶段。

四

本书所有数据资料多来源于各石油公司年报，同时参考了大量同行学者们的著作和部分研究机构的数据，相关参考文献列在全书最后。由于时间跨度长、资料繁杂，如有遗漏之处，敬请谅解。

2023年11月30日

目 录

第一章 石油公司发展历程与发展战略演变……001
 第一节 国际石油公司……002
 第二节 国家石油公司……031
 第三节 石油公司业务发展战略演变主要驱动因素……047

第二章 石油公司投资策略……051
 第一节 油价持续上涨时期石油公司投资规律……052
 第二节 油价持续下跌时期石油公司投资规律……059
 第三节 不同油价情景下石油公司投资策略……065

第三章 重点石油公司勘探策略……073
 第一节 埃克森美孚……074
 第二节 bp……078
 第三节 道达尔……083
 第四节 雪佛龙……088
 第五节 壳 牌……093
 第六节 国际石油公司的勘探策略……098

第四章 "疫情+低油价"下主要石油公司应对措施 ……101
第一节 "疫情+低油价"下石油公司面临形势 ……102
第二节 国际石油公司的主要应对措施 ……109
第三节 我国石油公司的主要应对措施 ……124
第四节 2020年业绩对比 ……129

第五章 我国石油公司上游业务发展的思考 ……137
第一节 国内上游业务与资源战略 ……138
第二节 海外勘探开发业务发展策略思考 ……143
第三节 合理利用国内外两种资源 ……154

参考文献 ……156

第一章

石油公司发展历程与发展战略演变

现代石油工业起源于19世纪50年代美国得克萨斯州,石油公司伴随着石油工业历经了上百年的发展。不同类型的石油公司在不同发展阶段,其战略演变特征也不同。本章对典型的国际石油公司、国家石油公司在不同发展阶段的环境特点、发展驱动因素和形成的战略进行分析。

第一节　国际石油公司

本节分析了埃克森美孚、bp（英国石油公司）、道达尔、雪佛龙、壳牌5家国际石油公司的发展历程和战略演变。这5家国际石油公司在《石油情报周刊》（PIW）"2019世界50大石油公司排名"中均位居前列，其中埃克森美孚排名第4位，bp第5位，壳牌第7位，道达尔第9位，雪佛龙第11位，均属于世界顶尖的石油公司。5家国际石油公司大都成立于19世纪末、20世纪初期，发展历史较长，依据环境变化、公司发展主导要素，大致可以将国际石油公司的战略演变划分为5个阶段。

一、20世纪70年代中期前

1. 资源易得时代

20世纪70年代中期以前，全球石油工业几乎被"石油七姊妹"垄断，"石油七姊妹"是指当时7家最大的国际石油公司，分别是新泽西标准石油、壳牌、bp、纽约标准石油、德士古、加利福尼亚标准石油和海湾石油。这"七姊妹"就是最早的国际石油公司，本书研究的5家国际石油公司除道达尔外均脱胎于这7家公司，埃克森美孚是新泽西标准石油和纽约标准石油合并而成，加利福尼亚标准石油和德士古合并成为雪佛龙，并收购了海湾石油。我们将20世纪70年代中期以前这些国际石油公司所处的环境特点概括为4个字：资源易得。

"资源易得"环境的第一个含义，是油气资源经营权、开采权、出口权等相关权益获得的成本低。"资源易得"环境的形成起源于大航海时代和殖民时代，与两次世界大战后的世界格局演变密切相关。在这一阶段，美国及欧洲的主要国际石油公司依托本国的军事、政治、经济实力，以很低的成本获取中东、非洲、亚洲和拉美地区主要油气资源国的石油天然气权益，大幅掠夺资源国的油气财富。

"资源易得"环境的第二个含义,是指由于国际石油公司的勘探开发业务主要集中在资源禀赋好、分布稳定、规模大的中东等地区,在当时的情况下,石油公司只需要简单的勘探开发技术即可将油气从地下采出,在技术和管理组织投入方面相对简单,即资源从地下到地表的获取过程比较容易。

"资源易得"情景的主要特点是:资源方面,投入勘探开发的油气资源集中在中东、中亚和东南亚地区;市场方面,以"石油七姊妹"为代表的西方国际石油公司几乎垄断了国际石油市场;技术方面,现代石油工业主体技术萌芽,技术主要掌握在西方石油公司手中;公司运营方面,石油公司的主要竞争集中在对销售市场的争夺上,石油公司之间主要以"价格战"为手段彼此竞争。

2. 规模扩张、一体化发展和抢夺市场

"资源易得"环境下,由于市场主体相对单一,国际石油公司采取的是"大规模扩张、一体化发展、市场致胜"的发展战略。

大规模扩张主要是指国际石油公司上游业务发展策略。"石油七姊妹"为在拉美、中东等地区的国家廉价获取大量区块,对第三世界资源国进行经济掠夺。中东的主要油气资源地被英国、美国、法国、荷兰等国家控制(表1-1),对资源地的控制促成了"石油七姊妹"的形成,而"石油七姊妹"凭借廉价的石油资源在吞并对手、垄断市场后,又反过来进一步加大上游业务的扩张。

表1-1 第二次大战前西方石油公司在中东国家租让地情况

租让国	承租的跨国石油公司所在国	租让时间(年)	租让区域占该国领土比例(%)
伊朗	英国	60	76.4
伊拉克	英国、美国、法国、荷兰	75	100
巴林	美国	59	73.7
沙特阿拉伯	美国	60	74.1
科威特	英国、美国	92	100
卡塔尔	英国、美国、法国、荷兰	75	100
阿曼	英国、美国、法国、荷兰	75	63.4

石油公司上游业务发展策略研究

截至 1972 年,"石油七姊妹"控制了中东和利比亚原油产量的 77.6%,占据全球(不包括苏联、东欧和中国)原油产量的 70%(表 1-2)。

表 1-2　1972 年"石油七姊妹"在世界原油产量中的份额

公司	美国产量 (千桶/日)	占美国 总产量 (%)	中东和利比亚 产量 (千桶/日)	占中东和利 比亚产量 (%)	全世界产量 (不包括东欧和中国) (千桶/日)	占全世界产量 (%)
埃克森	1114	9.9	2527	12.9	6145	14.7
德士古	916	8.1	2155	11.0	4021	9.6
雪佛龙	528	4.7	2155	11.0	3323	7.9
海湾	651	5.8	1887	9.7	3404	8.1
美孚	457	4.1	1178	6.0	2399	5.7
bp	—	—	3903	20.0	4659	11.1
壳牌	726	6.5	1372	7.0	5416	12.9
总计	4392	39.1	15177	77.6	29367	70

"一体化发展"是这一阶段国际石油公司整体发展的典型战略特点。早期的石油工业,主要原油产地集中在中东、东南亚、拉美等地,主要消费市场集中在欧洲和北美,产地和消费地分离,而这一时期石油产业分工尚未完全建立,国际石油公司要想获得利润,就必须具备运输、炼油和终端销售的能力。因此,大多数国际石油公司采取了"一体化发展"的公司战略,并在此基础上逐渐发展起化工业务,进一步拓展产业链和利润链条,最终演变成为今天"一体化"公司的发展模式。

这一阶段的油气消费市场集中在欧洲和北美,市场容量有限,获取市场份额成为国际石油公司之间最大的竞争。最早期的标准石油就通过"价格战"形成对市场的垄断。标准石油被拆分后,国际石油公司之间通过"价格协商"继续垄断市场,1928 年"石油七姊妹"在阿克那卡里签署了"古堡协议",形成了一个利益联盟,"古堡协议"中很大一部分内容是如何瓜分市场。"古堡协议"确定了以美国墨西哥湾油价作为全球油价的定价基础,成为最早的全球油价定价模型,为欧美等西方国家控制石油市场提供了价格工具。第二次世界大战后,"古堡协议"被撕毁,国际石油公司之间的市场竞争越发激烈，加油标准站、与汽车制造商合作等市场竞争手段都是在这一阶段发展起来的。

整体来看，"资源易得"环境下，在供给端，国际石油公司依托国家的政治经济军事力量，以极低的成本大规模获取油气资源；而在消费端，它们对市场的争夺也从未停止，如何赢得市场成为这一阶段国际石油公司发展的关键。

二、20世纪70年代中期至80年代中期

1. 卖方市场下的10年高油价

1973年国际油价不足4美元/桶。1974年，国际油价拉升至接近12美元/桶，几乎是前一年的3倍。然而在经过4年的平稳增长后，1979年国际油价突破30美元/桶，再次实现了倍数增长。全球油气市场进入高油价阶段，之后10年油价保持着长期攀升势头。

触发这次油价攀升的原因有4个：第一，工业化的快速发展带动了石油需求的飞速增长，全球油气市场从买方市场向卖方市场转变。在需求增长和民族主义浪潮下，拉美、中东及非洲资源国通过提高油价、扩大股权和直接国有化的方式，陆续收回了被国际石油公司以低廉成本获得的油气资源。国际石油公司失去了"资源易得"的优势，公司发展进入"资源获得受限"的阶段。第二，西方产业界和主要研究机构提出"石油峰值"论，认为石油资源在短期内将会耗尽枯竭，从舆论上推动了市场的恐慌情绪。第三，石油输出国组织（Organization of the Petroleum Exporting Countries，OPEC，以下简称"欧佩克"）成立，从本质上讲，成立之初的欧佩克是油气资源国为了反抗"石油七姊妹"对中东石油的控制而成立的一个防御组织，主要目的是保护石油输出国支配本国资源的"主权"。欧佩克试图通过组织油气资源国统一行动，从以"石油七姊妹"为代表的西方国际石油公司手中夺回市场定价权，双方进行了数次交锋，直接引发了1974年的第一次石油危机和1979年的第二次石油危机。第四，局部战争不断爆发，如1974年的第四次中东战

争、1978年的索马里战争和苏联入侵阿富汗、1980年的两伊战争等，这些战争大多发生在石油资源国，战争造成了石油产量下降和供应紧张。在上述4个原因的综合作用下，国际油价从1973年的3.29美元/桶飙升到1981年的35.93美元/桶（图1-1）。

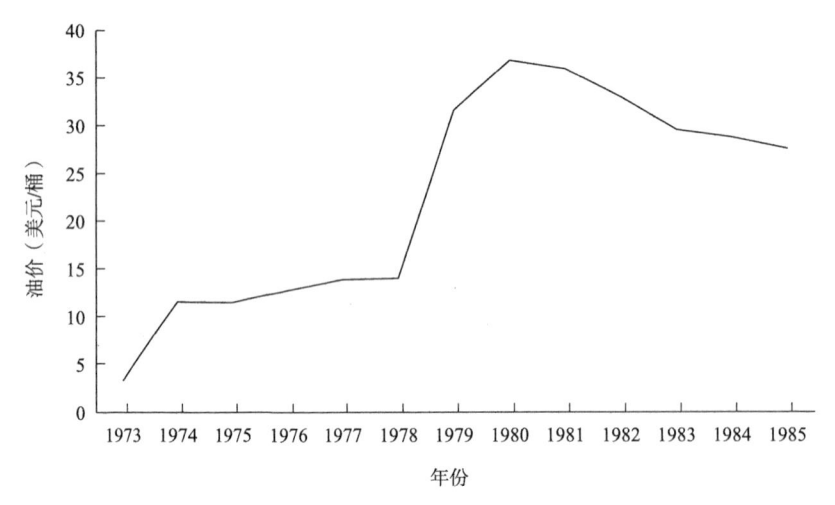

图1-1　1973—1985年国际油价变化

在这一阶段，国际石油公司面临的环境主要特点是：资源方面，资源国的国有化运动导致国际石油公司在中东等地的资源及基础设施被无偿或部分无偿国有化，资源获取成为首要问题；技术方面，高油价支撑了新技术的研究和探索，尤其在海洋石油工程方面取得了突破性进展；市场方面，市场主体不再以国际石油公司为主，欧佩克国家石油公司和苏联都成为市场供应主体，但石油消费市场依然以西方发达国家为主。

2. 新领域、多元化和技术引领

发展环境的剧烈变化让国际石油公司不得不对公司业务进行大幅调整，发展战略从原来的"大规模扩张、一体化发展、市场引领"向"新领域拓展、多元化发展、技术引领"转变。

上游业务方面，国际石油公司为了弥补在中东、拉美等资源地失去的油气资产，不得不积极探索新领域。客观上，在美国，由于当时美国陆上盆地未能有新的大突破，正在生产的主要盆地都进入了勘探成熟期，国际石油公司不得不把勘探重点转向墨西哥湾沿岸；而在欧洲，北海油气田的发现，让海洋油气勘探开发成为新一轮热点。主观上，高油价带来的高收入，也为国际石油公司有能力、有意愿向海洋这一需要高资本投入的领域进行探索提供了经济基础。

国际石油公司新领域的探索集中在墨西哥湾、北海（表1-3）、美国阿拉斯加等本国海域，先后发现了北海布伦特（1971年）、阿拉斯加普拉德湾（1968年）等一批具有代表性的大油气田。

表1-3 到1980年北海英国地区已投产油田

油田	作业者	开始生产时间	当时预估产量峰值（百万吨/年）
Argyll	Hamilton Bros.	1975年6月	1.1
奥克	壳牌	1976年2月	2.3
BerylA	Mobil	1976年7月	5.0
布伦特	壳牌	1976年11月	23
Claymore	Occidental	1977年11月	4.5
Dunlin	壳牌	1978年8月	5.9
Forties	bp	1975年11月	24
Heather	UNOCAL	1978年10月	1.7
Montrose	阿莫科	1976年6月	1.4
Ninian	雪佛龙	1978年12月	17.7
Piper	Occidental	1976年12月	12.6
南科莫伦特	壳牌	1979年12月	3
Thistle	BNOC	1978年2月	8.7

此外，高油价带来的高收入也促使国际石油公司对油砂、重油、油页岩等非常规领域进行了探索。例如壳牌在1978年收购美国南贝尔里奇油田，尝试通过蒸汽驱开发Tulare油藏重油，并在1981年开始在美国Piceance盆地最南端的、位于科罗拉多州的Red Pinnacle进行油页岩原位转化现场试验。

在整体布局方面，受资源获取难度加大和"资源峰值论"的影响，国际石油公司普遍采取多元化分散经营战略，试图通过分散业务领域，降低对油气资源的依赖度。

石油公司上游业务发展策略研究

多元化分散经营，就是企业尽量增加产品类别和品种，跨行业生产经营多种多样的产品或业务，扩大企业的生产经营范围和市场范围，并充分发挥企业特长，利用已有的各种资源，提高经营效益，根本目的是保证企业的长期生存与发展。

国际石油公司在20世纪70年代中期之前采取的是垂直型的多元化战略，即通过上下游一体化实现公司对市场的垄断，从而获取高额利润。但到了20世纪70年代末期至80年代中期，国际石油公司普遍采取相关型甚至是非相关型战略，即多元化经营的产业类型并不一定围绕石油产业，差异很大，例如，埃克森公司在这一时期将经营范围扩展到煤矿、铀和金属矿产、电子等各个领域，甚至还涉足旅游业，在欧洲开办了几十家大型旅馆。美孚石油这一时期拥有60家化工厂，142家包装容器厂以及世界上最大的零售商业公司，还经营房地产、餐馆和旅馆等业务。bp除了石油业务，还投资于煤炭、化工、饲料、电信、食品加工等领域。壳牌的业务领域拓展到了能源相关的其他行业，如煤炭、核能、太阳能、金属等领域，同时涉足了林业等非能源产业。

与此同时，原本的"市场引领"战略向"技术引领"战略转变。此时的石油已经成为工业的血液，全球石油供不应求，市场不再是公司发展前景的决定因素，技术成为新的主导因素。尤其是在对海域、油砂等新领域的探索中，最先掌握技术的公司赢得了长效发展优势。在勘探领域，三维地震勘探技术获得了长足发展，在国际石油公司中得到大规模推广应用；在地震资料解释方面，壳牌和埃克森的工程师联合研发出"亮点技术（bright spot technology）"。在工程领域，海洋油气工程在这一时期获得了跨越式发展，半潜式钻井平台、浮式生产储油卸油船等海洋工程"重器"不断推陈出新，随着勘探技术和海洋工程技术的大发展，海洋勘探开发的深度从60英尺[1]以内快速推进到1500英尺，人类石油勘探开发从陆上走向深海。技术的突破帮

---

[1] 1英尺=0.3048米。

助国际石油公司度过了从资源易得时代向资源获取受限时代过渡的发展困难时期。

三、20世纪80年代中后期至20世纪末

1. 低油价与新机遇

20世纪80年代中期直至90年代末，全球油气市场在度过了卖方市场下的10年高油价时期后进入低油价时期。新技术的推广带动了大量新资源的发现，美国、苏联、欧佩克三大资源主导区在高油价时期均进行了大规模的产能建设，造成了原油产能过剩。20世纪80年代中后期，西方主要经济体经济衰退，世界石油市场需求疲软，原油消费量下降。供需双方因素的叠加导致油价在1986年暴跌至14.43美元/桶，虽然1990年到1991年因海湾战争导致油价上升到20美元/桶之上，但很快油价又下降到20美元/桶之下，并开始持续性下跌。1996年下半年，东南亚金融危机爆发，刚刚自经济危机中开始复苏的世界原油市场再次动荡。1997年底，欧佩克的增产决议让油价雪上加霜，一度跌至1973年第一次石油危机前的水平（图1-2），最低谷时仅为10.56美元/桶（1998年12月）。低油价持续时间长达14年，直至1999年，油价仍低于20美元/桶。

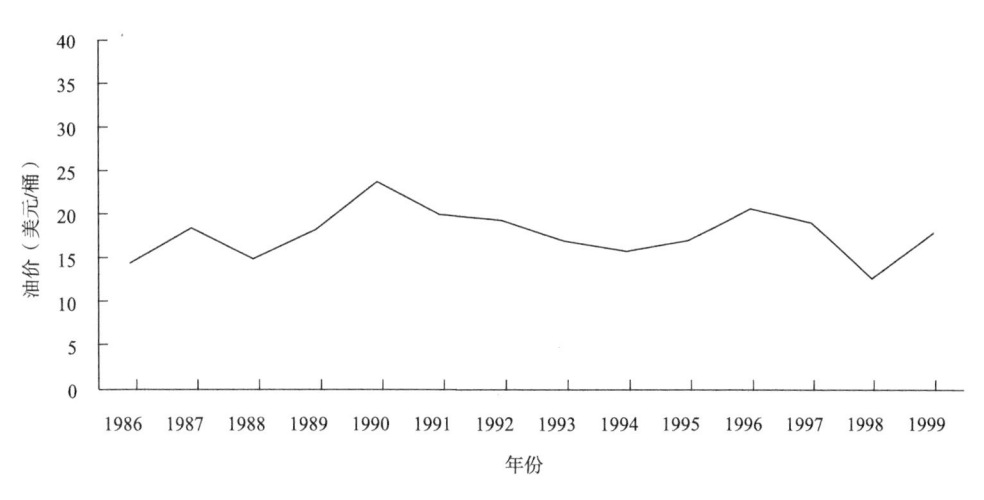

图 1-2　1986—1999 年国际油价变化

石油公司上游业务发展策略研究

祸福相依，20世纪最后10年，对于全球石油公司而言，有的不仅仅只是消费市场萎缩和低油价带来的经营困难，还有随着苏联解体带来的新机遇。

1991年苏联解体，世界石油市场东西对峙局面缓解。里海周边的俄罗斯、哈萨克斯坦、土库曼斯坦、阿塞拜疆和伊朗5个国家不同程度地向西方石油公司打开了合作的大门。

里海是世界上最大的湖泊，沟通高加索、中亚、西亚以及俄罗斯，面积38.6万平方千米，最大水深1025米，南北长约1200千米，东西宽约320千米，里海及周边区域矿产资源丰富，主要矿物资源有食盐、芒硝、石油和天然气等，石油和天然气潜力尤其巨大。

据统计，截至2019年，整个中亚—里海地区剩余探明石油储量超过411亿吨（表1-4），大约占全球剩余探明总储量的16%，拥有田吉兹（Tengiz）油田、卡沙甘（Karachagenak）油田和Azeri—Chirag—Guneshli油田3个世界级超大型油田，并且该地区的石油蕴藏相当集中，主要分布在哈萨克斯坦和阿塞拜疆两国里海大陆架和海域。

表1-4 2019年里海沿岸国家石油储量

国家	哈萨克斯坦	阿塞拜疆	土库曼斯坦	伊朗	俄罗斯
石油储量（亿吨）	39	10	1	214	147

数据来源：bp世界能源统计年鉴（2019年）。

里海地区的天然气储量更为丰富。2019年里海天然气证实储量超过95万亿立方米（表1-5），相当于同期全球天然气探明总量的47.7%，田吉兹（Tengiz）气田、Azeri—Chirag—Guneshli气田均是证实储量超千亿立方米的大型气田，卡沙甘（Karachagenak）气田证实储量达到1.35万亿立方米。

表1-5 2019年里海沿岸国家天然气储量

国家	哈萨克斯坦	阿塞拜疆	土库曼斯坦	伊朗	俄罗斯
天然气储量（万亿立方米）	2.7	2.8	19.5	32.0	38.0

数据来源：bp世界能源统计年鉴（2019年）。

里海周边国家期望通过油气合作项目吸引西方石油公司，把资源变成利润来填补本国的经济缺口，而国际石油公司则敏锐地抓住了这次机遇。

2. 布局里海、归核发展和成本引领

这一时期，国际石油公司除了不断推进技术进步、采取兼并购等手段获取上游资源外，对上游业务长远发展影响最重要的战略就是：布局里海周边，获取中亚油气资源。

国际石油公司通过这一阶段的布局，奠定了获取阿奇久油田项目、萨哈林项目、卡沙甘项目等资源体量巨大的合作项目基础，bp则获得了与俄罗斯石油公司合作的契机。

1991年，俄罗斯叶利钦政府在俄罗斯推行"自由市场改革"，1993年颁布《产量分成法令》，正式向资本市场打开了能源大门。埃克森首先通过竞标拿到了萨哈林Ⅰ（Sakhalin-Ⅰ）项目，并联合日本索德克公司、俄罗斯石油公司和萨哈林海洋石油天然气公司与俄罗斯政府签署了萨哈林Ⅰ项目的产量分成协议。接下来，1994年4月，壳牌联合日本三井和三菱两家公司组成了萨哈林能源公司，拿到了萨哈林Ⅱ项目（Sakhalin-Ⅱ）。1995年，俄罗斯完成了石油天然气行业的私有化改革。bp于1997年以5.71亿美元收购俄罗斯西丹科（Sidanco）石油公司10%的股份，获得了进入俄罗斯的途径。

除了俄罗斯，阿塞拜疆也是几大石油巨头斡旋的重点。20世纪90年代初，bp借助英国政府的力量，请时任首相撒切尔夫人出面访问阿塞拜疆首都巴库，并在1993年6月得到了阿塞拜疆政府的许可，与挪威国家石油公司（Statoil）、美国阿莫科石油公司（AMOCO）以及其他公司组成共同企业开发阿塞拜疆阿塞里（Azeri）油田。后因阿塞拜疆内部政变，协议作废。1994年，包括bp在内的10家外国石油公司和阿塞拜疆国家石油公司（SOCAR）达成产品分成合同，共同开发Azeri—Chirag—Guneshli 3处联合油田，合称阿奇久油田项目（英文缩写为ACG），这个项目当时的证实储量高达50亿桶。阿奇久油田项目是苏联加盟共和国首次和外国石油公司进行合作，后来

石油公司上游业务发展策略研究

被称为"世纪合约"。来自 7 个不同国家的 11 家石油公司组建了一个联合企业：阿塞拜疆国际作业公司，英文缩写为 AIOC（表 1-6）。而阿塞拜疆后来发展成为 bp 5 个利润中心之一。

表 1-6 AIOC 股权分配比例

公司	所属国家	股权份额（%）
阿塞拜疆国家石油公司	阿塞拜疆	20
bp	英国	17.13
阿莫科（AMOCO）	美国	17.01
卢克石油	俄罗斯	10
宾州石油	美国	9.82
优尼科	美国	9.52
挪威国家石油公司	挪威	8.56
McDermott	美国	2.45
Ramco	英国	2.08
TPAO	土耳其	1.75
Delta Hess	沙特阿拉伯	1.68

国际石油公司在哈萨克斯坦的布局则是围绕卡沙甘项目展开。1997 年 11 月，以意大利 Eni-Agip 公司为首，壳牌等共计 7 家知名石油公司组成了国际财团，与哈萨克斯坦政府签订了北里海水域 11 个区块、总面积达 5600 平方千米合同区的产品分成协议，合同期 40 年。

项目最初合同方为 Kazakhstan Caspian shelf（哈萨克斯坦）、Eni-Agip（意大利）、壳牌（英国、荷兰）、BG（英国）、bp（英国）、Statoil（挪威）、美孚（美国）和道达尔（法国）。1998 年 9 月，为实施地质勘探工作，这 8 家公司成立了 Offshore Kazakhstan International Operating Company（OKIOC）联合公司（表 1-7）。联合公司中，bp 和 Statoil 公司合为一家，7 家股东均分该项目权益，各占 14.28% 股份。同年，Kazakhstan Caspian shelf 将其在 OKIOC 中权益出售给日本 Inpex 和美国 Conocophillips 公司，两家各占 7.14%。

表 1-7　OKIOC 成立时的股权分配比例

公司	所属国家	最初股权份额（%）	变更后股权份额（%）
Kazakhstan Caspian shelf	哈萨克斯坦	14.28	0
Eni—Agip	意大利	14.28	14.28
壳牌	英国、荷兰	14.28	14.28
bp	英国	9.52	9.52
BG	英国	14.28	14.28
Statoil	挪威	4.76	4.76
Mobill	美国	14.28	14.28
道达尔	法国	14.28	14.28
Inpex	日本	—	7.14
Conocophillips	美国	—	7.14

OKIOC 联合公司在进入 2000 年之后，合同股东不断变动，资源国政策反复变更，且卡沙甘项目的开发技术难度也超过了最初的设想。虽然一再因技术、资源国政策等因素受阻，但其巨大的资源体量还是被国际石油公司认为是有前途的项目。

在公司整体战略方面，国际石油公司从多元化战略转向"归核化"战略，即由多元化经营转向集中经营核心业务，逐渐剥离非核心业务。多元化战略能够在特定的行业"困难时期"有效地将各地区、各季度的收益拉平，降低企业在行业下行时期的经营风险，然而多元化的发展势必会分散企业的精力，尤其是在全球经济危机的形势下，各种消费都受到抑制，加之油价长期低位徘徊，在现金流紧张的情况下，国际石油公司资本投入能力受限，多元化发展难以为继，于是纷纷选择剥离非核心业务，回收资金，回归主业。

在"归核化"战略指引下，国际石油公司把业务归拢到自己最具竞争优势的油气产业上，把经营重点集中在自己最具优势的产业链环节上，如上游的勘探开发、炼油化工等核心业务，通过业务外包、战略联盟、投资参股等方式，把产业链中的其他环节让给比自己更有竞争优势的合作伙伴去做，从而提高了产业链各个环节的效率和效益，增强整个产业链的竞争力。如 bp

舍弃了饲料、食品加工、通信等多元化产业，专注于公司擅长的油气勘探生产与炼油销售；壳牌则在勘探开发以外，大力发展了石油化工产业，成为全球石化巨头。

"归核化"战略不完全等同于专业化战略。"归核化"强调的是围绕核心能力做强企业，退出自己不专长的业务领域。它是多元化战略的收缩，可由产业链最具优势的环节横向或纵向延伸到相关业务领域，所以也称作"围绕核心能力的相关多元化战略"。例如，壳牌保留了煤炭业务，这与壳牌当时的煤制气战略发展有密切关系；bp 保持了太阳能业务，也是服务于公司的能源核心战略。

进入低油价阶段，为了保障公司生存现金流，国际石油公司通常都以成本作为发展的关键指标，通过削减支出、裁减人员、减少高额支出项目等手段控制现金流出。但是过于严格的成本控制对公司发展也造成隐患，20 世纪 90 年代后期，由于裁减人员，多数国际石油公司的技术人员减少，虽然控减了人员费用，但也造成了项目运营效果变差，据统计，当时严苛的预算和人员不足反而导致 70% 的上游项目超过预算，约 50% 的项目不能按期完成。油气项目的业绩表现明显落后于同期其他资本密集的工业部门，反映出行业系统性的能力缺失。

四、21 世纪的前 13 年

1. 超高油价时代

在经历了长达 15 年的油价低潮期后，2000 年 3 月欧佩克开始采用"价格带"政策。这一政策将欧佩克 7 种原油一揽子平均价格控制在 22~28 美元/桶的范围内，如连续 20 天低于或超出这一价格带，欧佩克将自动减少或增产 50 万桶/日，2000 年到 2003 年 4 年间，国际石油价格相对平稳地维持在每桶 22~28 美元的区间内。随着世界经济复苏，石油需求量增长，油价也随之水涨船高，2007 年油价涨至 72.26 美元/桶，随后在 2008 年第一个交易日，西得克萨斯中质原油价格（WTI）油价首度突破 100 美元/桶的大关；

到 7 月 11 日，甚至达到 147.27 美元/桶的历史最高价格。2009 年因美国金融次贷危机，当年布伦特原油价格平均每桶下跌至 61.67 美元/桶，但经过 2009—2010 年的调整，很快又回升至 100 美元/桶以上，这种高油价态势一直持续到 2013 年底（图 1-3）。

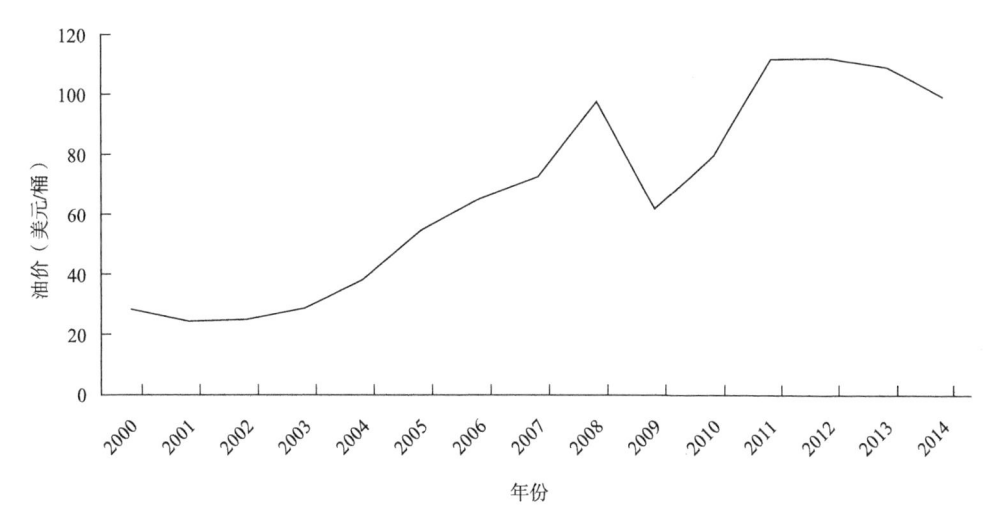

图 1-3　2000—2014 年国际油价变化

这一时期高油价形成的原因主要有 4 个：首先，供需基本面对油价起到了正向拉升作用。世界经济自 2003 年开始进入新一轮的繁荣期，到 2004 年，年增长率达到 5%，创造了 30 年内的新高。石油需求量随着经济的增长开始猛增，增加量高达每日 300 万桶，远远超出了欧佩克的产量调节能力范围。石油需求最主要的增长来自新兴国家，特别是中国和印度经济的高速增长，快速推动了全球石油需求的增长。1980 年到 2000 年期间，世界石油消费总量增长了 25%，其中发达国家占总消费总量的 2/3；而接下来 2000—2010 年的 11 年中，世界石油消费总量以每年 12% 的速度高速增长（图 1-4），但发达国家和发展中国家的需求增加比例已经接近 1∶1。以中国、印度为代表的新兴国家的快速发展带来的对油气的旺盛需求，也引起了西方国家的恐慌，受此影响舆论对于未来需求的预期也在一定程度上偏离了正常走势。

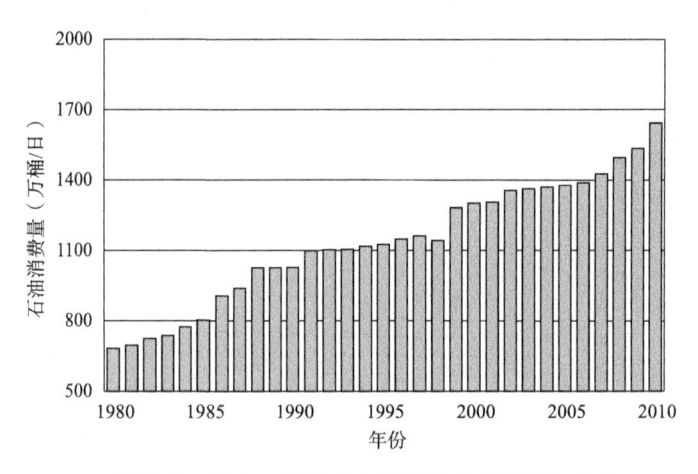

图 1-4　1980—2010 年世界石油消费量变化情况

影响油价持续走高的第二个因素来自场外。数据分析显示，投机基金的投机交易是引起国际油价大幅上涨和剧烈波动的重要原因，原油价格与以市场投机为目的的非商业持仓量、基金净多头头寸之间的相关系数达到了 0.89 和 0.81。自 2004 年以来，进入国际石油期货市场的基金数量由 4000 多家增加到 8500 家；其中，进行石油交易的对冲基金有近 600 个，是 2000 年的 3 倍以上。纽约商品交易的石油期货和实货交易的规模达到 18∶1。如果将伦敦和新加坡期货交易所、不受监管的洲际交易所以及柜台交易、指数交易和衍生品计算在内，这个比例还要更高。石油期货市场的金融杠杆效应增加了对冲基金的能量，期货市场的正常运作受到各种干扰，不受限制或难以觉察的投机行为增多，远远超出了旨在提供流动性的健康水平，不同基金之间的做多、做空造成石油价格走势大幅偏离供求关系，造成了具有破坏性的价格扭曲。美国商品期货交易委员会（CFTC）对这一时期原油价格上涨因素进行分析，认为其中 60% 是由纯粹的投机因素造成。

美元持续贬值也推动了这一轮油价上涨。2007 年国际油价合计上涨 9.3%，而同期美元兑欧元贬值 9.1%，两者相关性很强。2007 年美国金融次贷危机爆发以来，美联储先后 7 次降息以刺激美国经济增长。美元兑欧元等主要货币汇率持续下跌，大量资金从美国股市、债市中流出，流入石油等商品市场寻求保值增值，助推了油价的上涨。

石油主产区地缘政治因素引发的国际社会对石油生产供应不确定性的担忧，也推高了油价。2003年3月20日，以英美军队为主的联合部队对伊拉克发动军事行动，美国以伊拉克藏有大规模杀伤性武器并暗中支持恐怖分子为由，绕开联合国安理会，单方面对伊拉克实施军事打击，导致伊拉克国内局势动荡。同时，伊朗核问题引发紧张局面，沙特阿拉伯石油管道受到恐怖主义活动威胁，尼日利亚等主要产油地区冲突不断，这些局部冲突都加剧了市场对局部供应中断的担忧。

2. 新领域、联盟和资本运营

超高油价推动下，油气上游业务再一次成为国际石油公司的核心盈利部门。而油气资源/储量作为上游核心资产，成为上游战略发展的重点。在21世纪的前13年里，国际石油公司近乎疯狂地扩张上游业务。然而这一时期，资源国的国家石油公司已经成长壮大，在资源国获取优质资源愈发困难，国际石油公司不得不转向技术要求更高、投资更大、成本更高的新领域以谋求更多的资源，这类资源主要以地缘政治环境相对稳定、上游区块交易活跃的北美市场为主。

如果说20世纪70年代后期是石油公司上游业务"下海"的开端，那么这一轮高油价就把全球的上游业务推向了非常规领域。长井段水平井压裂、多分支井等工程技术的推广运用降低了非常规油气资源勘探开发的技术门坎，高油价支撑了非常规油气开发的经济效益，在技术和经济的双重突破下，国际石油公司除了继续巩固北美、欧洲、西非和亚太等地区重点常规油气业务之外，也加快了在南美、中亚、加拿大东部等地区非常规石油勘探新区的拓展，全面进入了复杂油气领域。北美页岩油气因现金回流快、资源丰富，成为国际石油公司上游业务发展的重点抢占领域。海域全面进入深海时代，三维可视化等高新技术的推广应用，推动了墨西哥湾、安哥拉、尼日利亚、巴西、埃及、毛里塔尼亚和挪威等深海地区一系列重大油气的发现。委内瑞拉重油、加拿大油砂、北美页岩油气等项目因技术难度大、开发成本高原本不被看好，但随着技术进步、油价上涨、资源国税收优惠政策等多种因素的利好，也逐渐进入各国际石油公司资产并购的范围。

石油公司上游业务发展策略研究

国际石油公司在这一阶段都把公司运营的重点放在了上游业务，拓展全球资源成为各公司整体战略的一个典型特征。在这一轮的全球资源拓展过程中，国际石油公司采取了更加灵活多样的方式建立合作联盟共同开发大型、超大型项目，在实现全球的油气资源共享的同时，也实现了风险共担、成果共赢。

第一种方式是国际石油公司之间形成联盟，共同开发超大规模项目。国际石油公司在开发新的、大型项目时，通过采用互相合作、共同开发模式，达到规避风险、加速项目建设进程的目的。例如道达尔与雪佛龙成立了勘探联盟，共同进行包括 16 个区块在内的勘探活动。这一时期，资金投入大、开发周期长的超大型项目，如 LNG 项目中的 Gorgon 二期项目、亚马尔项目，非常规资源项目中的阿根廷 Vaca Muerta 页岩盆地项目，常规资源项目中的卡沙甘项目和西古尔纳-1 项目等均为多家国际石油公司进行合作开发（表 1-8）。

表 1-8 国际石油公司合作开发大型项目案例

项目类型	项目名称	合作方及权益
LNG	Gorgon 二期	雪佛龙（47% 权益）、壳牌（25% 权益）、美孚（25% 权益）、大阪天然气（1.25% 权益）、东京天然气（1% 权益）以及日本中部电力公司（0.417% 权益）
	亚马尔	俄罗斯诺瓦泰克（50.1% 权益）、法国道达尔（20% 权益）、中石油（20% 权益）以及丝路基金（9.9% 权益）
非常规油气	阿根廷 Vaca Muerta 页岩盆地	道达尔（41% 权益）、bp（45% 权益）
常规油气	卡沙甘	埃尼石油（16.67% 权益）、中海油和中石化（8.33% 权益）、壳牌（16.67% 权益）、道达尔（16.67% 权益）、菲利普斯（8.33% 权益）、埃克森美孚（16.67% 权益）以及日本 INPEX（8.33% 权益）
	西古尔纳-1	埃克森美孚（32.7% 权益）、中石油（32.7% 权益）、壳牌（19.6% 权益）、印度尼西亚国家石油公司（10% 权益）、伊拉克国有石油勘探公司（5% 权益，干股）

第二种方式是与国家石油公司建立新型合作关系，提升公司在全球资源的配置范围和能力。据统计，为了在拥有国家石油公司的资源国获取大型项目，这一阶段国际石油公司有 40% 左右的风险勘探区块是通过与国家石油公司合作投标获得的。国际石油公司利用技术、管理和资金等方面的优势，与国家石油公司形成共同勘探、共担风险的模式。如 bp 在 2000 年以后与中国、俄罗斯、阿联酋、科威特、阿塞拜疆、巴西等资源国的国家石油公司建

立合作关系，这种模式不仅帮助 bp 获取全球资源，也促进了资源国自身勘探开发水平的提高。

第三种方式是采取非作业者身份的方式获取资源，国际石油公司会通过非作业者身份参与到全球大项目的勘探开发中，这在过去并不多见。

与上一轮高油价下的技术引领发展有所不同的一点是，这一轮的高油价不仅仅推动了技术向非常规领域和深海领域的迅速突破，在公司运营中更显著的一点是储量资产化管理。场外资金不仅大幅推高了油价，也与储量资产结合在一起，在国际石油公司中掀起了一轮兼并购热潮。

2005—2009 年，受国际油价不断走高和石油公司利润大幅增加等因素影响，全球油气并购金额和数量不断增加（图 1-5、图 1-6）。这一阶段的资产交易额超过了公司交易额，获取新的油气资产，弥补关键领域、关键地区的资产组合缺陷，以提高公司油气储量接替率和实现产量的持续增长，成为这一轮交易潮的主要动因。

从全球油气并购的地区分布看，北美地区作为全球最开放、流动性最强的并购市场，保持了对资本和投资的持续吸引力，成为全球油气资产交易最活跃的地区，而亚太地区则是资产交易增幅最大的地区。2008 年北美地区油气资产交易额占全球油气资产交易额的比例高达 50%。其中，美国的交易额占全球交易额的比例逐年上升，2008 年达到 36%（图 1-7）。

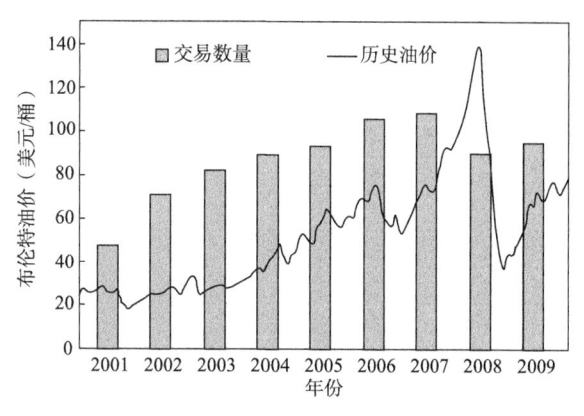

图 1-5 2001—2009 年全球油气上游并购交易数量与布伦特油价变化

数据来源：Wood Mackenzie

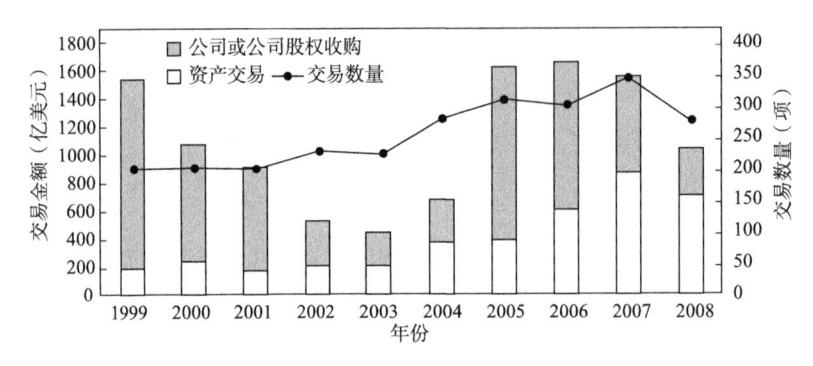

图 1-6　1999—2008 年全球上游公司资产交易情况

数据来源：HIS Herold（Key Global M&A upstream trends 2009-2-3：4）

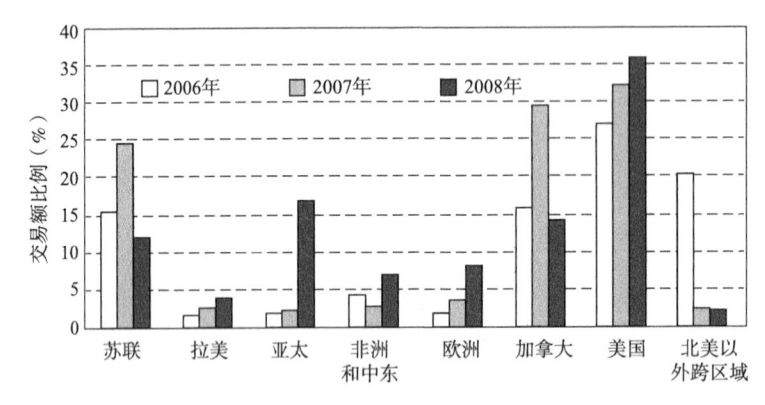

图 1-7　2006—2008 年各地区交易金额比例

数据来源：Wood Mackenzie

从交易的资源类型来看，非常规油气资源成为各大石油公司交易的热点，交易额不断增加。由于常规油气资源的并购成本不断上升，低成本并购机会越来越少，非常规油气资产，特别是非常规天然气成为各大石油公司资产交易的新热点。2008 年全球非常规油气资源交易额近 400 亿美元（图 1-8），占全球油气资产交易额的 38%，较 2007 年增长 18%，增长主要来自非常规天然气——致密气、煤层气和重油。非常规油气资产交易主要集中在美国、澳大利亚和加拿大。

这段时间有几个大型非常规天然气资产交易引人注目：2008 年康菲公司以 52 亿美元收购了 Origin 公司在澳大利亚的煤层气资产；Suncor 公司出资 150 亿美元兼并 Petro-Canada；壳牌以 58 亿美元收购了 Duvernay 公司在加

拿大西部的非常规油气资产；2009年埃克森美孚耗资300亿美元收购页岩气生产商XTO能源公司。

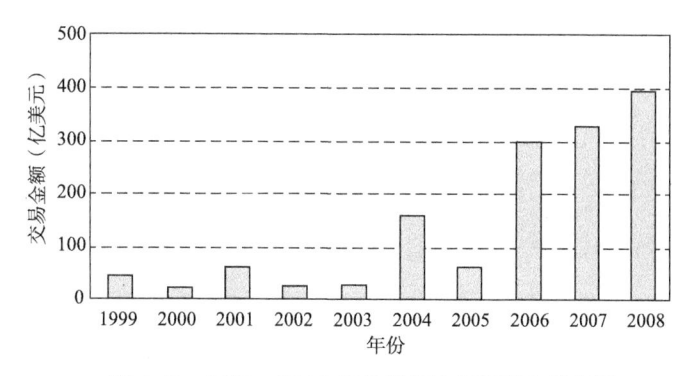

图1-8 1999—2008年非常规油气资源交易金额
数据来源：Wood Mackenzie

五、2014—2020年

1. 超低油价和创新领域

相对于上一阶段持续10年之久的稳定、高位徘徊的油价，自2014年中开始，油价开始出现断崖式下跌。WTI、布伦特油价（Brent）在2014年6月到2015年1月期间腰斩，暴跌58.6%。2015年油价继续震荡下跌，最终到达历史低位26.55美元/桶，当年年均价48.71美元/桶（WTI），比2014年降低了47.8%。持续3年多的高油价泡沫被彻底戳破（图1-9），随之拉开的是又一个低油价周期。

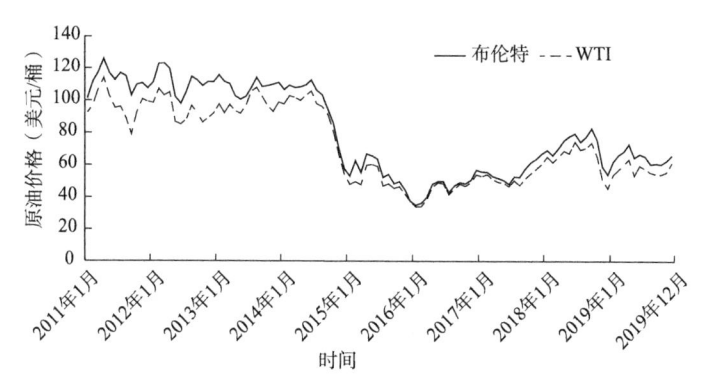

图1-9 2011年1月至2019年12月世界原油价格变化趋势图

石油公司上游业务发展策略研究

这一轮低油价形成的根本原因还是上一轮高油价下，上游大幅增产导致油气市场供需宽松局面持续。

2008年以来的美国页岩油气革命重新塑造了美国甚至是全球的石油供需格局，油气产量稳步快速增长。页岩油气革命是从开发技术革命开始的，而在技术革新带来的长效作用下，美国页岩油气开发成本持续下降，即使在低油价下，无数小的独立石油公司仍然具有利润空间。2018年美国原油产量平均1090万桶/日，超过沙特阿拉伯和俄罗斯跃居全球首位。其中，页岩油产量在2018年12月达到812万桶/日，占美国石油产量的3/4左右，是美国原油产量增加的主要推动力。页岩油革命的成功使得美国原油对外依存度由最高时2005年的60.3%降到2017年的18.9%，重新回到20世纪60年代的水平。与此同时，特朗普政府放开了石油和天然气的出口限制，美国在2018年曾成为原油净出口国。而随着原油产量的增加，天然气产量也不断攀高，天然气净出口量持续增长，美国在2017年成为天然气净出口国。2018年12月份天然气产量达1077.9亿立方英尺/日，其中页岩气产量757.09亿立方英尺/日，占比70%。

美国虽然不再高度依赖国际油气资源供给，但却并没有放弃对国际油气市场施加影响。一方面，国际油气市场具有整体性，只要存在地区之间的差价，就会在利益的驱使下产生国际油气贸易，使国际油气价格趋于一致。而较为稳定的低油价更符合美国经济发展的利益。另一方面，美国页岩油气的发展已经成为其保持经济强劲增长的重要支撑力量，在美国取消石油和天然气出口限制后，美国的油气企业表现出了对国际油气市场的迫切需求。因此，在国际石油市场上，美国不断阻挠北溪二号管道建设，施压欧洲摆脱对俄罗斯的油气依赖，为美国的油气出口打开市场。在中美贸易谈判中，中国加大对美国油气产品的进口成为解决双方贸易不平衡的一个现实选择。更为重要的是，中国主要油气进口来源国都与美国有着千丝万缕的复杂关系。俄罗斯、伊朗、委内瑞拉等国已经被美国制裁，油气贸易国际结算和油气勘探开发合作受到较大影响，贸易的可持续性面临威胁。

美国"能源独立"进一步推动了全球油气向东流。石油贸易总体呈现出中东主供亚洲，中亚—俄罗斯主供欧洲，美洲主供美国，非洲—欧洲、美洲、亚洲三分天下的基本格局。从发展趋势看，美国收缩了对美洲以外地区的油气需求，而亚洲是吸纳各地区石油出口增长最快的地区，特别是中国石油需求量的高速增加起到了引领作用。

至2019年，经过几年的供需调整后，全球石油库存虽仍显著高于过去5年平均水平，但总体趋于下降，世界石油市场供需基本面由前几年的供应过剩逐步朝着再平衡方向演进，油价也随之恢复到60~70美元/桶这一业内普遍认可的合理区间内。

然而，脆弱的平衡被一场人类始料未及的意外打破。2020年初新冠疫情暴发，全球能源消费市场遭到巨大破坏，油气消费首当其冲。2020年第一季度和第二季度初全球经济陷入停滞，随着公路和航空旅行的急剧减少，全球液体燃料的消费下降速度要快于生产速度。石油生产和消费之间不匹配，石油库存再度大幅增加，快速的库存积累导致布伦特原油现货价格从1月份的平均每月64美元/桶跌至4月的18美元/桶。

到2020年6月，虽然世界各地的经济开始从封锁中复苏，全球石油和其他液体燃料的日消费量较4月增加了1000万桶/日，但未来情况仍具有极大不确定性（图1-10）。

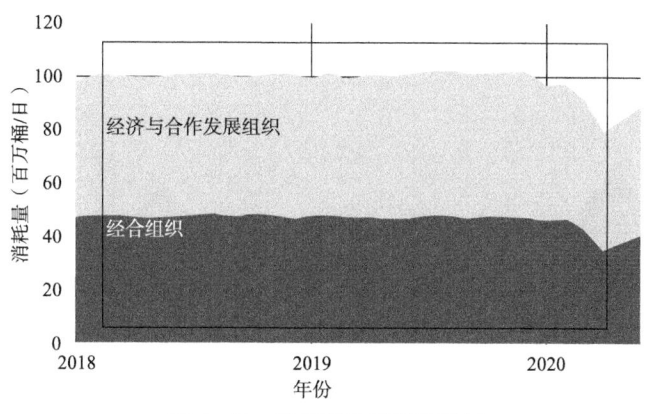

图1-10 世界液体燃料消耗量

数据来源：EIA

石油公司上游业务发展策略研究

从世界液体燃料生产及消费的情况来看，从2020年1月开始石油消费量低于100百万桶/日（图1-11），出现较大幅度的下滑，一、二季度消费量下滑幅度分别为6.2%和11.4%。虽然生产也相应下降，但一、二季度生产量下滑幅度分别为0.9%和8.4%，因此造成大量库存堆积，一、二季度库存量分别达到5.55百万桶/日和7.89百万桶/日。在此形势下，油气市场再次从脆弱的供需平衡回到了供大于求的局面。

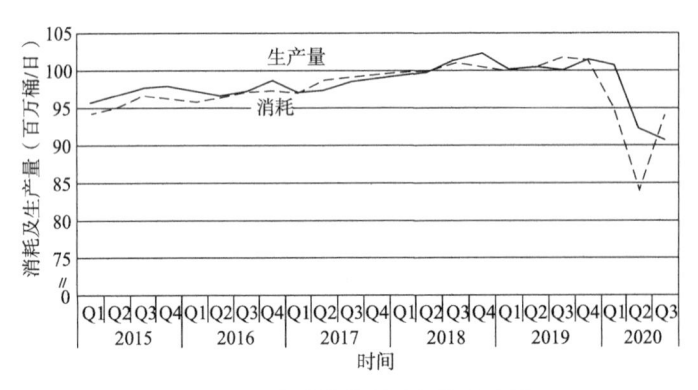

图1-11 世界液体燃料消耗及生产量
数据来源：EIA

除了油价，影响油气产业发展的因素还有因气候变化引发的能源向低碳、清洁方向的加速转型。2019年全年一次能源消费138.6亿吨油当量，比2018年增长2.9%。其中化石能源消费达117.8亿吨油当量，同比增长1.2%，而非化石能源消费达21.2亿吨油当量，同比增长2.1%，增速明显快于化石能源（图1-12）。

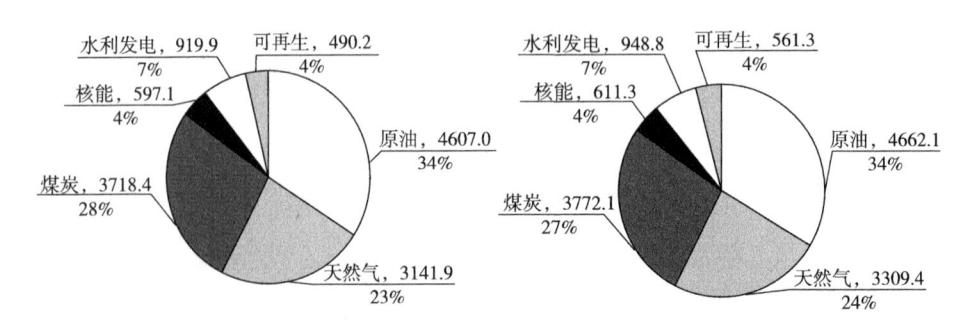

图1-12 2018年和2019年世界能源消费结构（亿吨油当量）
数据来源：EIA

受能源转型影响最大的行业是煤炭产业。截至 2020 年全球已有 20 个国家或地区宣布了在 2030 年前替代煤电的时间表。美国虽然退出《巴黎协定》和《清洁电力计划》，但加利福尼亚、马萨诸塞等 6 个州仍明确提出 2020 年左右淘汰煤电；中国、印度等发展中国家则宣布将大大削减新建煤电的投资。随着技术进步和储能容量的不断增加，部分国家可再生能源在发电领域已具备无补贴条件下的市场竞争能力。

接下来受到影响最大的就是石油。荷兰、挪威、德国、法国等多国陆续推出全面禁售燃油车的时间表，中国也提出研究禁售时间表问题。禁售政策向社会释放出强烈的预期，大大鼓励了电动汽车的生产，促进了汽车行业的转型，交通用能多元化趋势明显，共享单车、分时租赁、出行服务等多种共享交通模式相继涌现，小幅影响汽油需求。同时，能源转型引起的用能多元化也给炼油行业的转型发展提出了新的课题。世界各国炼油业加快推进清洁燃料发展（表 1-9），国际海事组织也于 2020 年起执行全球限硫令，新规定要求船用燃料硫含量从 3.5% 大幅减少至 0.5%。清洁燃料标准加速升级对炼油业产生重要影响，燃油经济性标准的提高对冲了汽车保有量增长带来的油品需求的增加。为应对更严格的政府环保法规，不少炼油企业不得不加大投资扩大生产清洁燃料能力，以满足新的排放法规要求。

表 1-9 世界主要国家清洁燃料发展动向

国家	清洁燃料发展动向
美国	美国 2017 年初开始强制执行新的Ⅲ级（Tier 3）标准，汽油含硫量不得超过 10 微克/克，比Ⅱ级标准（低于 30 微克/克）降低许多
欧盟	欧洲委员会要求欧盟成员国生产硫含量接近零的汽油
中国	2017 年初起在全国范围内执行国Ⅴ标准，2017 年 9 月底前率先在"2+26"城市全部供应符合Ⅴ标准的车用汽柴油，并在 2019 年初在全国全面实行国Ⅵ标准
俄罗斯	继续进行国内炼厂升级改造，多生产符合欧盟标准的清洁燃料
印度	跳跃式升级标准，从巴特拉标准-4（BS-4）越过中间的 BS-5 规范直接到 BS-6（相当于欧Ⅵ），炼厂投巨资进行大规模改造
马来西亚	已确定 2018 年 10 月 1 日起对 95 号汽油实行欧 4M 汽油标准

石油公司上游业务发展策略研究

续表

国家	清洁燃料发展动向
中东	一些国家执行欧 V 清洁燃料标准,沙特阿拉伯将重点放在清洁燃料生产上,目标是将汽油和柴油硫含量降至 10 微克/克
非洲	少数国家已正式通过低硫燃料法规,非洲南部多数国家已承诺到 2020 年将生产更清洁的燃料。非洲炼油商协会已制定 AFRI 标准,作为生产更清洁燃料的准则

数据来源:中国石油经济技术研究院。

2. 上游聚焦核心领域、探索新业务模式、成本引领战略

2014 年以来大幅波动的油价严重影响了国际石油公司的上游项目回报率和公司效益,5 家国际石油公司的年度净利润从 2013 年的 1050.5 亿美元大幅下降至 2019 年的 484 亿美元,降幅超过 50%。严峻的形势改变了国际石油公司的发展战略和投资策略,从 2013 年到 2016 年,资本支出下降近一半。2017 年至 2019 年期间有所缓和,石油公司开始逐渐增加资本支出启动大项目。但很快 2020 年全球经济受到新冠疫情影响增速放缓,超低油价出现,沙特阿拉伯发起的石油价格战更是直接推动了全球油气价格的暴跌,各大石油公司投资热情暂时被压抑,再次以"维持生存"为目标进行战略调整。

在这种情况下,国际石油公司上游业务出现了两个显著变化:一是更加聚焦核心,剥离上一阶段规模扩张中带来的低效、无效资产,提升上游业务的盈利能力;二是从石油公司向气油公司转变。

在聚焦核心方面,不同的国际石油公司根据自身情况对上游资产做出不同的调整,主要关注的资产类型有:一是公司已经具备技术和成本优势的领域。在上一阶段高油价推动下,深水和非常规资源依靠技术进步和管理创新实现了成本大幅下降,国际石油公司的勘探开发重点不断向深海、非常规领域转移。二是与公司核心发展战略契合的资源,例如近年来一直专注发展天然气尤其是 LNG 业务的壳牌斥巨资兼并了英国天然气公司(BG)。三是抓住一切机会,进入拥有超大规模盆地的资源国或地区,如战后的伊拉克、解除制裁后的伊朗、北美非常规油气领域和包括亚马尔项目在内的北极地区。

从石油公司向气油公司转变,意思是国际石油公司进一步加强了对天然气的投入,过去天然气的产量和项目关注度一直低于石油,但是在低油

价、全球气候变化和减碳的大环境下,天然气越来越成为关注的焦点。bp 在 2019 年的《世界能源展望》中研判了天然气未来的发展前景：天然气需求市场广阔,成本低、资源充足,随着 LNG 技术和产业的发展,全球天然气贸易活跃,天然气行业将获得强势增长。在 bp 给出的渐进转型情景下,天然气供需年均增长率为 1.7%,到 2040 年将增长近 50%,是唯一和可再生能源一样份额在展望期间增长的能源。这一认识得到了整个石油行业的认可,各大国际石油公司的投资开始向天然气倾斜。

最先有所动作的是壳牌。壳牌在 LNG 行业一直拥有领先地位,结合自己的先天优势,2015 年壳牌看准时机收购了英国天然气集团（BG）。同一年行动的还有埃克森美孚,耗资超过 60 亿美元先后收购了巴布亚新几内亚的 Interoil 公司和东非的天然气资产。

2016 年道达尔进行了内部业务调整,组建了天然气、可再生能源和电力事业部（GRP）,投产缅甸海上天然气项目,并与中石油、伊朗国家石油公司（NIOC）联合开发世界上最大的天然气田——南帕斯气田二期项目（后因制裁问题退出）;同时道达尔还表示,2017—2021 年将会继续加大天然气全产业链的投资,实现天然气产量增加 20%,再气化能力增长 50%,天然气销量增长 70%。

2017 年 bp 投产的 7 个上游项目中 6 个是天然气项目,包括位于特多巴的 Juniper 海上气田、阿曼的 Khazzan 气田、澳大利亚的 Persephone 气田和埃及的海上气田等。2018 年,bp 继续拓展天然气领域,购入了非洲塞内加尔等国的天然气勘探资产,并以 72 亿美元的价格收购印度信实工业公司运营的 23 个石油和天然气合约项目中 30% 的权益,同时加强了对大洋洲、南美洲和中东等区域天然气资产的并购活动,购入了巴西海上原油资产及非洲塞内加尔等国的天然气勘探资产。2018 年 7 月,bp 宣布斥资 105 亿美元收购必和必拓北美全资子公司 Petrohawk 能源公司（Petrohawk Energy Corporation）100% 的股权,强势进入美国页岩气领域。Petrohawk 能源公司拥有美国陆上非常规油气资产组合,包括得克萨斯州的二叠纪盆地（Permian basin）和鹰

石油公司上游业务发展策略研究

滩（Eagle Ford）、得克萨斯州东部和路易斯安那州的海恩维尔（Haynesville）页岩分布区的资产，每天的产量约有190万桶油当量。这是bp自1999年收购阿科（ARCO）以来金额最大的一笔收购交易，被时任bp总裁戴德立称之为bp的"转型收购"，即bp将从一家以石油为主的公司转向更加倾向于天然气生产的公司，公司提出了"天然气驱动"战略，目标是"天然气资产占比超过50%"。

在上游业务发生转变的同时，几大国际石油公司的整体发展战略也在加速转型。环境要求对化石能源带来的压力日渐增长，技术进步也使新能源在交通、电力等领域成本快速下降，竞争力明显增强。一正一反两方面的因素让国际石油公司迅速开始围绕油气领域布局与能源密切有联系的新事业，逐渐出现以传统油气领域为中心的多元化战略（表1-10）。

表1-10 主要国际一体化油公司能源发展目标

公司	战略目标	战略重点
壳牌	做能源行业最佳股东回报的引领者，成为世界级投资实践者；在能源转型的过程中，通过满足社会对更多更清洁能源的需求，实现自身可持续发展；成为一家负责任的能源公司，以惠及社会的方式经营企业，关注人类发展和环境保护，为人们生活做出真正贡献	（1）以客户为中心； （2）创造商业价值； （3）实现技术商业化； （4）卓越运营； （5）项目交付
埃克森美孚	安全可靠地为客户提供能源并为股东创造价值，并致力于为公司和社会的利益最大化做出贡献	（1）科技创新促进公司发展； （2）审慎投资于优势资产； （3）卓越运营实现资产价值最大化； （4）资金实力保障运营灵活性
bp	安全； 适应能源转型未来； 注重股东回报	（1）增加上游天然气和优势石油投资； （2）提高下游市场销量； （3）投资低碳能源； （4）实现公司现代化，通过数字化提高公司效率
雪佛龙	为公司在商业环境中的行动，提供行业领先的业绩和卓越的股东价值	（1）勘探与生产：在开发高价值资源机会的同时，提供业界领先的回报； （2）炼化：提供运营、商业和技术专业知识，提高一体化运营效果； （3）销售：增加价值链的收益，并进行有针对性的投资，做行业回报领头羊
道达尔	致力于成为一家负责任的能源巨头，为客户提供可负担、方便快捷、清洁环保的能源	（1）持续降低自身产品的碳排放； （2）发展可再生能源； （3）提高能效

数据来源：各石油公司年报。

过去几十年中，国际石油公司在新能源领域虽然时进时退，但一直注重对先进能源技术的投入与获取，在技术积累与专利保护方面具备较强的实力。表 1-11 总结了五大国际石油公司所涉足的新能源相关产业。表 1-12 列举了 bp 和壳牌在新能源业务方面的变化情况。从表中可以看出，虽然 5 家公司布局的新能源及新能源相关领域不尽相同，但生物质能和碳捕集技术是各公司的共同选择。这一方面是因为生物燃料与石油公司现有业务的结合较为紧密，各大公司都具备了研发甚至产业化的基础，另一方面碳捕集与利用技术则是石油公司未来低碳发展的重要环节，一旦该技术具备规模推广的商业可行性与经济性，会在极大程度上解决油气工业的碳排放问题，因此各大公司均给予了较多关注。

表 1-11　国际石油公司涉足的新能源相关产业

公司	太阳能	风能	地热能	氢能	生物燃料	储能	充电服务	碳捕集
壳牌	√	√		√	√	√	√	√
埃克森美孚					√			√
bp	√	√		√	√	√	√	√
雪佛龙		√	√		√			√
道达尔	√			√	√	√		√

数据来源：各石油公司年报。

表 1-12　壳牌和 bp 公司新能源业务变动情况

公司	退出	进入
壳牌	2007 年出售了大部分太阳能业务	（1）2017 年 10 月，宣布收购欧洲最大电动车充电公司之一 NewMotion； （2）2017 年 11 月，宣布与宝马、戴姆勒、福特、大众等汽车制造商的合资公司 IONITY 签署合作协议，在欧洲高速公路上部署超快充电桩，计划 2019 年在欧洲 80 个高速公路站点安装高能充电桩； （3）2018 年 1 月，宣布 2020 年前每年向清洁能源领域投资 10 亿美元； （4）2018 年 1 月，收购美国太阳能开发商 SiliconRanch 公司 43.83% 的股份； （5）2018 年 8 月，壳牌风险投资公司向一家提供电动汽车充电方案及充电桩制造的初创企业 Ample 提供融资； （6）2019 年 1 月，收购洛杉矶电动汽车充电与能源管理技术初创企业 Greenlots，提前布局新能源汽车产业； （7）2019 年 2 月，收购欧洲最大的储能电池制造商、德国家用储能巨头 Sonnen，持股比例直接升至 100%

石油公司上游业务发展策略研究

续表

公司	退出	进入
bp	2011年宣布退出经营40年之久的太阳能领域、暂停高级生物燃料研究计划，并开始削减风电业务；2014年宣布不再为可再生能源发展设定新目标	（1）2017年12月，收购伦敦Lightsource太阳能公司43%股份，回归太阳能业务； （2）2018年1月，向移动式电动汽车快速充电系统生产商FreeWire投资500万美元； （3）2018年4月，宣布与特斯拉合作建设首个风力发电储能项目； （4）2018年5月，向超快速充电电池公司StoreDot投资2000万美元； （5）2018年7月，全资收购英国电动汽车充电公司Chargemaster； （6）2018年7月，向蔚来资本投资1000万美元，支持探索高级移动出行领域新机遇； （7）2019年7月，购买独立可再生能源开发商Enerlife1.9吉瓦的绿地太阳能项目

数据来源：各石油公司年报。

国际石油公司本身拥有的能源先进技术使其在新能源业务拓展上具有一定的技术优势。在这方面国际石油公司往往会利用自身具备的专业知识、资源网络和管理经验，特别是在一些新技术领域，通过选择收购或与初创企业合资合作的方式，形成长期发展的技术储备或帮助公司迅速占领该领域。例如2018年8月，壳牌风险投资公司向提供电动汽车充电方案及充电桩制造的初创企业Ample融资3100万美元，拟将Ample的快速充电技术与其零售网络相结合，部署拓展快速充电业务。

在业务模式方面，同所有传统行业一样，数字化技术的迅猛发展为油气行业创新与转型提供了新动力。数字化技术能够实现远程作业和生产监控，优化油田生产，提高生产效率，降低生产成本等。2017年1月，世界经济论坛和埃森哲联合发布的《数字化转型倡议：油气行业白皮书》预计，2016—2025年间，数字化将为油气企业带来1万亿美元左右的新增价值。其中，将给油气上游企业带来5800亿~6000亿美元新增价值，给中游公司带来1000亿美元新增价值，给下游企业带来2600亿~2750亿美元新增价值。在勘探开发领域，数字化技术能够整合分析勘探、开发和生产领域的数据信息；在油气化工领域，数字化技术有助于把握消费者信息与需求，提供更完善的产品与服务。此外，数字化技术有助于优化管理流程，提升油气企业管理水平。

2016年壳牌组建了数字化技术团队，积极推动3D打印、机器人、计算技术、先进分析技术、物联网等数字化技术的研发。bp 成立了数字创新机构（DIO），与 bp 其他研究组织合作，探索数字创新的前沿技术。道达尔在公司战略创新机构中建立了数字化部门，石油数字化是其六大研发创新方向之一。

数字技术并不是石油公司所擅长的领域，所以和专业技术公司合作就成为首选。2014—2019 年，国际石油公司与微软、谷歌等全球领先科技公司开展数字化合作（表 1-13），合作的内容包括大数据、云计算、物联网、人工智能、认知计算、区块链等。

表 1-13　2014—2019 年国际石油公司数字化合作主要事件

时间	石油公司	科技公司	合作内容
2017 年 10 日	雪佛龙	微软	加快包括分析和物联网在内的先进技术应用
2017 年 11 日	壳牌、bp、Equinor	—	联合开发基于区块链的实体交易平台
2018 年 04 日	道达尔	谷歌	研究人工智能技术，为油气勘探提供智能解决方案
2018 年 04 日	埃克森美孚	L&T Technology Services	通过先进的自动化工具将地球科学内容快速转换至数字领域
2019 年 09 日	雪佛龙	微软、斯伦贝谢	构建基于 Windows Azure 云的勘探生产认知计算系统

数据来源：各石油公司年报。

第二节　国家石油公司

本节分析了巴西国家石油公司（Petrobras，以下简称"巴西石油"）、墨西哥国家石油公司（Pemex，以下简称"墨西哥石油"）、意大利埃尼集团（Eni，以下简称"埃尼石油"）和挪威国家石油公司（Statoil，以下简称"挪威石油"）的发展历程和战略演变。这 4 家国家石油公司在《石油情报周刊》（PIW）"2019 世界 50 大石油公司排名"都排入了前 30 位，其中

石油公司上游业务发展策略研究

巴西石油排名第17位，墨西哥石油第20位，埃尼石油第22位，挪威石油第27位，属于世界领先的石油公司。虽然4家公司都是国家石油公司，但公司之间又有一些显著的区别，例如巴西石油和墨西哥石油是发展中国家的国有石油公司，而埃尼石油和挪威石油是发达国家的国有石油公司；巴西和墨西哥自身是资源国，石油资源丰富，意大利自身没有资源，而挪威则介于两者之间，自身有资源，但依旧以国际化发展为主。因其国家制度、资源基础和经济发展状况的不同，这4家国家石油公司也呈现出了不同的发展特点。

通过对比公司发展规模、关键节点以及内外驱动因素的变化等，将国家石油公司的战略演变与国际石油公司同样划分为5个阶段。

一、探索发展（20世纪70年代之前）

在这一时期，墨西哥石油、巴西石油和埃尼石油先后成立并开始了各自的探索发展。

墨西哥石油资源丰富，曾被称为"浮在油海上的国家"。1869年，墨西哥打出了第一口油井，至20世纪20年代，墨西哥石油产量仅次于美国，居世界第二。但因政局动荡、战乱频发，墨西哥本国的石油工业没能得到发展，而是被控制在以壳牌为首的外国石油公司手中。1938年，在墨西哥时任总统卡德纳斯的努力下，墨西哥政府将17家欧美石油公司的产业收归国有，成立了墨西哥国家石油公司。

巴西的石油工业始于19世纪末、20世纪初。与墨西哥一样，早期外国石油公司凭借先进技术在巴西的石油勘探与开发中占据了核心地位。1938年，巴伊亚州发现石油。当时的巴西政府趁美国石油公司尚未留意之际迅速将其国有化，建立了巴西历史上第一座油井，结束了被美国"洋油""卡脖子"的历史。1951年，瓦加斯（Getúlio Dornelles Vargas）再次当选总统，制定了"全国经济重新装备计划"，在该计划下，1953年10月，巴西政府宣布石油工业国有化，规定石油资源为国家所有，并成立了巴西国家石油公司。

巴西国家石油公司不仅参与国家石油政策的制定、执行，还统管巴西石油的勘探、开发、生产和运输，是一个政企合一的机构。

这一时期，墨西哥石油和巴西石油从外国公司接收来的基本上只有上游产业，维持或者扩大油气田的开发规模是发展的重点，同时由于国内工业体系不完善，油气生产和出口也是这一时期国家的经济命脉和支柱。因此墨西哥石油和巴西石油在成立初期，都致力于发展油气勘探和开发，并且取得了很大成就。为了增加储量，确保产量，作为技术和经济实力都还很有限的发展中国家的国家石油公司，巴西石油和墨西哥石油采取继续同外国石油公司合作的方针，以风险勘探合同、产量分成合同、服务合同等多种方式吸引外国的资金和技术，成效卓著。

从成立初期到20世纪60年代初，巴西石油的许多地质和地球物理等项目研究完全是由西方国际石油公司完成的。与此同时，公司的勘探主要集中在巴伊亚州和亚马孙州两个州的陆上油田。1961年，公司的高级研究人员、美国地质学家Walter K Link建议公司的发展方向从陆上转向海上，巴西石油接纳了这个意见。此后巴西石油一直致力于深水油气田的勘探和开发，形成了一整套很有特色的深水技术。1963年，巴西石油在里约热内卢开设了Cenpes研究中心，并将海上油田开采技术作为技术攻关的重点，到目前Cenpes研究中心仍然是世界上最大的能源研究中心之一。到1967年底，巴西海上勘探技术已经基本成熟。1968年，巴西石油公司在塞尔希培州附近海域发现了平均水深80米的瓜里塞马（Guaricema）油田。

墨西哥石油1938年成立以后一直处于被美国封锁的困难境地。1939年，第二次世界大战爆发，美国政府需要墨西哥政府的支持以及墨西哥的石油，于是在"睦邻政策"的支持下，墨西哥才逐渐恢复了石油贸易。第二次世界大战结束后，墨西哥政府又逐步开放了国内石油勘探，对之前国有化时没收的国际石油公司的部分资产进行了赔付，并再次允许国外石油公司进入墨西哥，如1947年，壳牌获得了墨西哥政府对之前没收的资产赔偿约1.3亿美元；1954年，壳牌重新进入墨西哥。1952—1956年墨西哥石油在老黄金带以

石油公司上游业务发展策略研究

南发现了新黄金带,1958—1969年发现了一系列侏罗系油气田;1972年后又发现了雷福尔玛大油区。一系列的大发现使得墨西哥石油的储量大增,20世纪70年代初,墨西哥石油储量为4亿吨,1976年增加到10亿吨,1978年猛增到40亿吨,1980年突破了60亿吨。与之相应的,石油产量也快速增加,1973年墨西哥石油年产量达到2570万吨,实现了石油自给;1977年年产量突破5000万吨;1980年超过1亿吨,1984年超过1.5亿吨,成为世界最主要的产油国之一。

1953年2月10日,意大利议会通过法律手段在AGIP等国有企业的基础上成立国家石油公司——国家碳化氢公司(Ente Nazionale Idrocarburi,ENI,简称埃尼石油)。与巴西石油、墨西哥石油一样,埃尼石油的成立同样是为了最大化维护意大利国家利益。但不同的是,巴西、墨西哥这样的资源国国家石油公司的重点是通过国有公司自主控制本国石油资源,维护国家资源所有者权益,获取经济财富和政治利益;而意大利作为石油依靠进口的非资源国,成立国家石油公司是为了打破外国石油公司对本国石油供应的控制和对本国石油市场的垄断,从战略上保障本国的能源安全与石油供应。成立后的埃尼石油确定了以发展天然气为主的方针,使能源短缺的意大利成为世界上第一个天然气在一次能源消费中占主导地位的国家。作为本国没有油气资源的国家石油公司,获取资源成为埃尼石油当时最主要的公司战略目标,当各大国际石油公司还在同资源国政府利润五五分的时候,埃尼石油首创同资源国合营勘探开发,实行与资源国的1∶3分成,而且同意资源国直接参与公司的领导和经营,这一合作模式使得石油资源国拥有更大的决策权,在资源国大受欢迎,很快在中东、北非等地区获得了大片勘探区块。同时在意大利国家的主导下,公司大量进口苏联的廉价石油和天然气,从而迫使各大国际石油公司让步,获得了长期而廉价的油气供应,保障了国家能源安全。

可以看到,这一阶段的国家石油公司发展战略有两个方面,一是充分寻找、发现、占有资源;二是通过与国际石油公司的合作,建立和加强自己的研究中心，引进先进技术和科研人员，发展具有本国特色的先进开发技术，并利用各种类型的石油合同以及国际石油公司的技术优势为本国培养技术和管理人才。同时，由于国家石油公司成立的目的主要是为了保障国家利益、使油气资源价值最大化，因此一切业务发展都围绕国家需求展开，在这一前提下，国家也为公司的发展提供了保障，包括资源、产业政策、税金优惠等，从而帮助国有石油公司实现快速发展。

二、快速壮大（1971—1985年）

20世纪70年代是国家石油公司涌现的高潮期。北海石油的大发现和两次石油危机，使一批发达国家的国家石油公司应运而生，挪威国家石油公司（Statoil，简称"挪威石油"）就是在这一时期成立的，与它一起成立的还有英国的BNOC、加拿大的Petro Canada、法国的Elf-Aquliaten等，这些公司在本国政府的支持下取得了一定的特权，迅速壮大起来。与上一阶段成立的三家国家石油公司相比，以挪威石油为代表的这些国家石油公司在国内外拥有可观的油气储量和产量，既是资源提供者，同时又是技术、资金的提供者和市场的寻求者。

这一阶段，墨西哥石油、巴西石油、埃尼石油、挪威石油4家国家石油公司都在快速壮大的过程中选择了国际化和一体化的发展战略，其中国际化发展最迅速的是埃尼石油。1973年第一次石油危机后，在意大利政府的推动下，埃尼石油代表本国政府，通过与阿尔及利亚国家天然气供应组织索纳特拉赫（Sonatrach）签署协议，巩固了其在国际天然气市场上的地位。1974年，埃尼石油进一步与利比亚、埃及、尼日利亚和突尼斯等油气资源国签署了相关协议。在20世纪70年代中期，埃尼石油在欧洲和地中海建立了数千英里的管道网络，用于远距离输送天然气。

采取国际化发展战略的，除了埃尼石油，比较典型的就是巴西石油。

巴西石油在1972年成立子公司Braspetro，开始经营国际业务。最初，巴西石油的国际业务主要集中在上游业务（勘探开发、提供工程服务、油井钻探)以及小规模下游业务,业务主要分布在中东、北非。1976年,巴西石油在伊拉克和伊朗边界地区发现储量70亿桶的Majnoon油田,1978年发现储量高达300亿桶的Nhrumr油田,其中Nhrumr油田是20世纪70年代巴西石油所发现的储量最大的油田。1985年起,随着整个南美地区国家关系的改善,巴西石油将海外业务的重点转移在南美洲,相继进入哥伦比亚(1985年)、厄瓜多尔(1987年)和阿根廷(1989年)。

这一阶段国家石油公司发展战略的另一大特点是一体化发展。4家国家石油公司成立时,都以上游业务为核心,下游都相对薄弱。20世纪70年代之前,国际石油公司大都是在资源国开采石油,然后把原油运到发达国家去炼制和销售,这样下游业务靠近销售和消费市场,可以方便销售和降低成本。20世纪70年代中期以来,随着各国国有化浪潮的兴起和国家石油公司的崛起,国际石油公司虽然失去了在资源国的大部分油气田,却依然控制着世界石油贸易,发展中国家的国家石油公司不得不把原油以相对较低的价格卖给它们。为了改变这种状况,巴西石油、墨西哥石油通过在本国建立炼厂,在发达国家收购炼油、销售企业以及在销售量大的地区投资(独资或合资)建设新炼油厂"三管齐下",迅速延伸公司的产业链,壮大了炼油和销售能力。如墨西哥石油在1998年时原油加工能力达到8325万吨,在世界炼油能力最大的企业中居第10位。

三、改革发展(1986—1999年)

20世纪80—90年代,英国政府在撒切尔夫人的领导下对国有企业进行了私有化改革,改革席卷了西方国家,欧美发达国家的国家石油公司,如英国的BNOC、法国的Elf公司、意大利的埃尼石油、西班牙的Repsol和加拿大的Petro Canada公司中的政府资本先后撤出,有的是完全撤出,有的是部分撤出,公司股权进行私有化,政府不再干涉企业经营管理。

1992年,埃尼石油根据政府法令改制成为一家股份制公司,政府的股权由100%逐步减少到51%。1995年,埃尼石油在意大利和纽约证券交易所分别上市，1998年，埃尼石油基本完成重组，成为政府控股的股份制石油公司。重组后，埃尼石油对公司业务的调整与国际石油公司比较类似，即实施"归核化"发展战略。1992年重组前，埃尼石油设有13家业务公司，业务范围包括能源、金融、能源技术服务和包括纺织机械、出版印刷等在内的非核心共4大类。1998年重组后，埃尼石油业务集中到能源和能源技术服务两类。2002年，埃尼石油又将从事天然气业务的Snam和从事炼油与销售的Agip Petroli两个公司划归集团直接管理，组织结构转换基本完成（图1-13）。

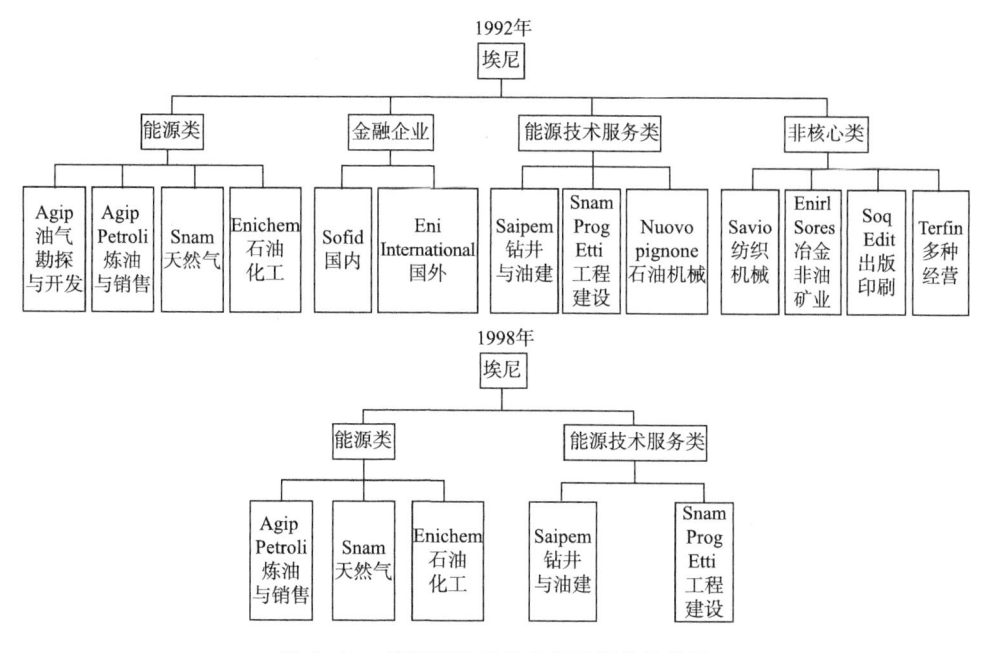

图1-13 埃尼石油改革公司组织结构前后

巴西石油也对自身体制进行了改革。20世纪90年代初，受到私有化经济改革所带来的影响，1989—1995年间巴西石油的海外业务基本陷入停顿。1997年巴西政府为鼓励石油行业竞争、吸引外资参与、规范行业发展，颁布第9478号法律（也称《石油法》），确定了能源行业政企分开的原则，巴西石油的产权关系发生根本改变，身份从政策性企业转变为自由参与竞争的企业（图1-14）。

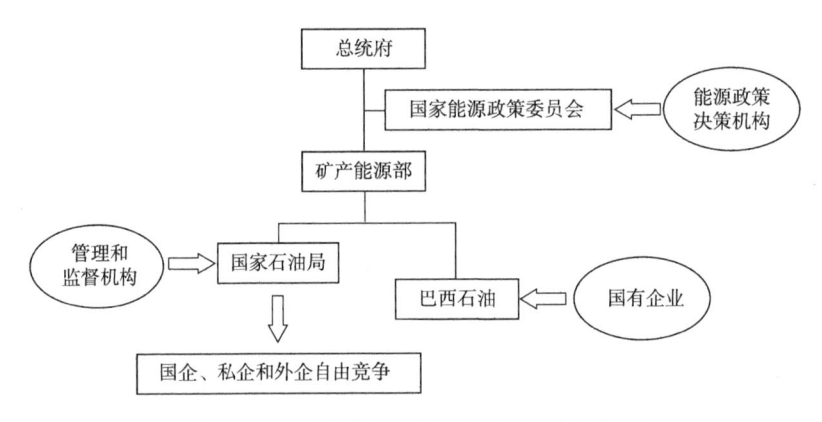

图 1-14 巴西《石油法》确定的新产权关系

改制后的巴西石油在 1999 年和 2002 年又分别实施了两次公司体制改革，具体内容包括：公司管理委员会成员从由总统任命转为由股东大会任命，执行董事会成员也从由总统任命改为由管理委员会任命；取消对小股东持有股份的限制；执行董事会成员数从 12 名减至 9 名，董事会成员不能兼任管理委员会成员，管理委员会主席不能同时兼任公司总裁；从优先股股东中选举 1 名管理委员会成员，等等。

墨西哥石油的改革也在同期发生。1988—1994 年，萨利纳斯政府开展了新自由主义市场经济改革。改革将"推动私人投资，扩大非石油产品出口，增加对基础设施的公共投资，逐步巩固国内市场"和"减少外债还本付息的比重"作为主要措施。作为国家全面经济改革的一部分，1992 年 7 月，墨西哥议会通过《墨西哥国家石油公司及其子公司组织法》。根据此法，墨西哥石油进行了一系列重大的改革，改变了公司的组织结构和工作方法，缩小了公司规模，使经济效益大为提高。1995 年，墨西哥国会对《墨西哥国家石油公司及其子公司组织法》进行了修订，允许私营企业和其他公司经政府批准后，经营天然气的存储、分销和运输业务。1997 年，政府又要求墨西哥石油剥离天然气分销业务。

三家国家石油公司的改革，都是通过政府减少持股或者改革企业体制，一方面减少政府对企业的直接干预，减少国家石油公司作为政府机构的行政属性，另一方面引入竞争机制，增强国家石油公司作为企业的能力。企业发展战略的核心也从全部为国家利益服务转变为在兼顾自身利益的同时服务国家，而国家利益的维持则通过对企业股权控制、利益调节机制来实现。

这一时期，国家石油公司和国际石油公司一样，将技术作为引领上游发展的关键。如随着三维地震技术在海上勘探中的应用，巴西在20世纪80年代后期发现了一批海上油田，其中马林油田（Marlim）、隆卡多油田（Roncador）为典型代表。1997年巴西油气储量增至16.9亿桶石油当量，石油的日产量达到106.9万桶，进入石油日产百万桶的国家行列，石油自给率达58%。1993年1月，挪威石油综合应用各种技术，成功于1月26日在其33/9-C2井上创造了水平延伸7290米的水平井世界纪录。

四、规模发展（2000—2013年）

2000年之后的超高油价时代，国家石油公司在上游业务的发展战略和国际石油公司是一致的，即通过获取资源谋求储量、产量的规模增长。国家石油公司的主要措施有3个方面，一是加大上游投资力度、获取更多资源区块；二是努力提高主力油田采收率，保持石油产量的稳定；三是开拓对外合资合作，通过建立长期稳定的客户关系，开辟和巩固已有原油市场，同时大力发展天然气业务，保障国内市场供应安全。

巴西石油在1999年制定了"2000—2010年战略方案"，确定了公司发展的两个目标：转型为综合性能源企业，成为拉美地区的能源"龙头"企业。战略方案指出了实现该目标的3条途径：扩大巴西国内的传统业务（油气勘探开发、炼化、衍生品配送），加大对天然气能源生产的投资，增加在国际市场的投入。

在巴西国内，巴西石油凭借国家石油公司的身份，不断巩固其主导地位。在油气区块招标方面，截至2009年底，巴西石油参与了465个区块的招标，约占招标区块总量的57.9%，其中中标数量为403个区块，竞标成功率高达86.7%，而单独参与的中标数量为226个区块，约占竞标成功总数的56.1%。在已拍卖的盐下层石油区块中（已拍卖区块面积占盐下层油田总面积的38%），巴西石油获得的区块面积占81.6%，约占盐下层油田总面积的31%。

截至2009年12月31日，巴西石油已证实的油气储量为148.65亿桶石油当量，其中国内储量为141.69亿桶，较2001年底的96.7亿桶增加了46.5%。公司日均油气产量从2002年的175.2万桶石油当量增至2009年的228.8亿桶。到2006年，巴西实现了石油自给。

在全球市场上，巴西石油继续扩大国际化和一体化业务经营范围，玻利维亚和阿根廷两国成为巴西石油国际化区域经营的重点。其中，在玻利维亚的业务主要是天然气勘探开发和管道运输，于1997年开始修建玻利维亚至巴西的天然气管道，1999年底收购两家炼油厂。在阿根廷，2001年，巴西石油与Repsol-YPF公司达成了5亿美元资产交换协议，获得阿根廷的700个加油站和EG3炼油厂99.5%的股份，由此获得了阿根廷近12%的燃料市场份额。

2013年底，墨西哥国会通过了能源改革法案，墨西哥能源部公布零轮招标方案，将该国83%的油气证实储量和控制储量以及21%的远景储量划给了墨西哥石油。其中，开采区域约有120个区块，油气证实储量和控制储量达到206亿桶。这一方案确保了墨西哥石油能在短期内以较低的成本获得相应收益。同时，墨西哥石油借国家改革的时机，加强了对外合作，打破了76年的封闭状态，吸引更多的外国公司和本国私人资本参与公司油气业务。截至2014年底，墨西哥石油已经选择提高采收率、重油油田开发和深水油田开发等领域的10个项目开展对外合作，框定了3个领域的潜在合作伙伴的范围；同时，积极与外国能源公司在勘探技术、能源合作、项目管理等方面进行交流，分别与埃克森美孚、中海油、印度天然气公司、必和必拓等多家外国能源公司签署了合作备忘录。

2001年，挪威石油部分私有化，公司约18%的股份被出售。挪威石油希望通过体制改革成为领先的国际石油天然气集团，提出了"发展为具有国际竞争力并集社会责任和义务于一体的国际领先的石油天然气集团公司"的目标，总体发展战略包括4个方面：一是增加在挪威大陆架的创造价值；二是扩大在欧洲天然气市场的份额；三是发掘国际勘探开发的潜力；四是有选择地加强下游业务发展。但是挪威石油在这一时期一直面临着油气证实储量总体下降，特别是石油证实储量下降速度较快的局面。2006年12月18日，挪威石油（政府持股70.9%）和挪威海德罗公司（Norsk Hydro）的董事会同意将海德罗的石油天然气业务并入挪威石油，并将公司名称改为Statoil Hydro（中文名称仍为挪威国家石油公司，以下仍简称"挪威石油"）。2007年10月1日，新的挪威石油正式完成合并。

挪威海德罗公司成立于1905年，是挪威第二大油气生产商，挪威政府是其最大股东，持股45.2%，但是政府不干涉公司的运营和管理。海德罗公司油气业务的加入使挪威石油的油气储产量提高了50%，挪威石油也成为北欧最大的石油公司。

但是，由于之前过于依赖本国的资源，2007年挪威石油储量产量同比仍呈下降趋势。为此挪威石油提出了新的勘探开发业务发展战略：巩固在挪威大陆架的地位，努力保持稳产高产。强调"控制业务整条价值链、资源国际化、业务和市场核心化"。具体目标包括：保持在挪威大陆架油气勘探开发的领先水平；开发建设新的国际增长平台；加强天然气管输和LNG产业链；提高下游产品市场附加值；在项目执行和某些技术领域成为世界领先。

通过几十年的发展，在经历了体制改革等一系列变化后，这一时期的国家石油公司的规模实力和国际竞争力大幅提高。2008年下半年席卷全球的金融危机对国家石油公司也产生了很大冲击，但随着世界经济走出低谷，国际油价回升，国家石油公司的经营业绩和投资水平普遍在2010年走出低谷，恢复了增长态势。根据自身资源状况和国家油气政策，国家石油公司采取了包括战略合作、合作协议、创新的服务合同，以及加强国内强强合作和与其他石油公司之间合作等方式，大力增加国内资源基础，提高油气产量。

随着国际油气市场竞争加剧，以及政府刺激经济增长的需要，不同政府也对油气政策进行了调整，通过支持国家石油公司并购整合、给予更多专营地位等措施，增强了在国内外的竞争实力，促进了国家石油公司的进一步发展。

五、效益发展（2014年至今）

2014年下半年开始的全球新一轮油价波动周期和"能源转型"大潮让国家石油公司上游业务发展面临供给、需求侧以及环境保护等方面的新态势。而资源型国家石油公司和市场型国家石油公司的发展也出现了明显不同。

资源型国家石油公司在低油价下受到的冲击更为严重，代表公司有巴西石油、墨西哥石油等，这些公司所在的资源国政府往往对油气收入依赖度较高，超低油价给国家经济带来了严重的负面影响，甚至造成了经济生活混乱。对公司而言，在低油价环境下，国家石油公司以保护国家利益为重，不得不采取低成本发展战略，通过聚焦核心区块和核心业务来压缩投资，运用多种手段降低成本，甚至首次启动了裁员计划。

自低油价以来，巴西石油国际排名逐年下滑，负债居于高位，资产负债率近43%，较2014年勘探、开发支出分别下降78%、39%。为了应对低油价带来的挑战，巴西石油首先压缩了海外业务，2012年公司国际业务分布在21个国家，2017年国际业务仅剩8个国家，陆续退出了安哥拉、委内瑞拉、秘鲁、加蓬等国。2020年公司98%的油气储量与96%的产量来自巴西国内。同时巴西石油将国内深水盐下资源开发作为未来发展的重点，更集中在自身有优势的业务领域。在退出非核心业务方面，巴西石油积极出售国内资产，寻找合作伙伴。2017—2018年，公司出售了95亿美元资产；并以52亿美元的价格将旗下天然气管道公司（Nova Transportadora do Sudeste SA，NTS）90%的股权出售给布鲁克菲尔德资产管理公司为首的财团。

为应对低油价，市场型的国家石油公司同样会采取上述策略谋取现金流、维持公司生存，但市场型国家石油公司还表现出更灵活的转型趋势。

2018年3月，挪威石油宣布更名为Equinor（以下仍称其中文名称为挪威石油）。这次更名旨在进一步剥离大众心目中公司与传统油气业务之间的联系，凸显了挪威石油从传统的国家石油公司向可再生能源公司转型的决心。早在2017年挪威石油就宣布了一项计划：到2030年，公司总资本支出的 15%~20% 用于新能源业务。在太阳能领域，挪威石油主要通过与挪威太阳能开发商 Scatec Solar 合作来实现深度参与快速增长的可再生能源市场。2017 年 10 月，挪威石油从 Scatec Solar 手中收购了巴西 Apodi 太阳能项目 40% 的股权，随后两家公司在巴西建立了一个 50∶50 的合资企业来共同建设和经营大型光伏项目。2018 年 6 月，两家公司又在阿根廷合作开发了第二个项目——Guanizul 2A。2018 年 11 月，挪威石油以 8240 万美元的价格收购了 Scatec Solar 10% 股份。同时，挪威石油在英国、美国、德国等地还开展了海上风电项目，并在碳捕集和储存（Carbon Capture, Utilization and Storage, CCUS）解决方面加大了投入。2020 年 5 月中旬，挪威石油和道达尔等公司更是携手做出最终投资决定，投资 6.9 亿美元共同开发欧洲首个商业规模的 CCUS 项目——北极光项目。

2020 年 2 月，埃尼石油承诺到 2050 年将净排放量削减 80%。为实现这一目标，2020 年 6 月 4 日，埃尼石油董事会批准了公司的组织架构调整，创建了两个新的业务部门——自然资源（Natural Resources）和能源发展（Energy Evolution）。自然资源部门继续聚焦上游油气业务，目标是提升埃尼石油油气上游业务资产组合的价值；能源发展部门专注于不断增长的可再生能源和生物甲烷发电，还涵盖公司的炼油、化学业务以及零售业务等。埃尼石油对公司组织架构设计的重塑，凸显未来公司将以能源转型和低碳业务为核心的理念。

低油价环境促使国家石油公司采取更加积极的合作态度，国家石油公司之间、国家石油公司与国际石油公司之间的合作关系正在发生着变化。一方面，资源型国家石油公司与市场型国家石油公司之间的合作正逐渐从单一的原油贸易、炼油合作，向上下游一体化全面合作伙伴关系转变。例如 2016 年 8 月，巴西石油以 25 亿美元将 Santos 盆地海上 BM-S-8 勘探区块 66% 的作业权益出售给挪威石油，后者成为该区块的作业者。2016 年 8 月，挪威石油与巴西石油签订谅解备忘录（MoU），以加强双方在巴西能源领域，尤其是在 Santos 和 Campos 海盆地区油田加强上游合作。此外，协议还提出了为天然气价值链创造新价值的合作框架。

另一方面,国家石油公司与国际石油公司之间的合作关系也由过去的后者主导逐渐向互为补充、共同发展转变。国际石油公司在低油价下实行投资收缩战略的同时,更加注重见效快、发展潜力大的油气资源的获取;国家石油公司在低油价下为了维持和扩大油气产量及国际市场份额,对先进的技术、资金以及发达国家下游市场的需求更为迫切。从而为国家石油公司与国际石油公司开展更深入的合作创造了较好的机会。

但这种市场环境也倒逼国家石油公司更加灵活深入地运用市场化、资本化手段以维持公司的生存;加快公司自身体制机制改革,积极探索新的发展盈利模式;采取更加开放的态度与各类型石油公司合作。

六、我国石油公司的发展历程

与国外的国家石油公司相比,我国的国家石油公司有着自己独特的发展经历,但是随着我国市场化经济改革的不断推进,我国石油公司也在逐步的市场化和国际化,在加入国际石油市场竞争之后,与其他国家石油公司也有同步之处。简单来说,我国的石油公司发展历程可以划分为4个阶段,第一个阶段是20世纪50年代初至80年代中后期,石油公司的发展以会战模式为主,公司的发展有着很强的军事化、集中化的特征;第二个阶段是20世纪80年代中后期至1998年,石油公司的发展以油公司模式,即学习国际石油公司的运营模式为主线;自1998年三大国有石油公司成立,至21世纪前13年,我国石油公司发展开始与国际石油公司同轨,即进入到第三阶段规模发展的阶段;2014年后,受到低油价和能源转型的影响,进入到第四阶段效益发展的阶段。

1. 会战模式(20世纪50年代初至80年代中后期)

1949年10月19日,中央燃料工业部成立,下设石油管理总局,负责新中国的石油勘探与开发。石油管理总局下设西北石油管理局、东北石油管理局等区域性管理机构。

这一时期，中国石油企业完全依靠一体化运作的会战模式组织生产，自然而然地形成了"大而全、小而全"的运作模式。这样的运作模式由国家管理企业，适合我国当时国民经济基础薄弱的实际，最大限度地调动了全国石油战线的力量，促进了石油工业的发展，如大庆石油会战用15个月的时间探明22.6亿吨石油地质储量，三年半建成年产600万吨生产能力和100万吨炼油加工能力，这是会战模式下国家办企业才能取得的成绩。随着石油勘探不断取得重大突破，我国石油年产量大幅度增长，1957年年产量仅为145万吨，至1978年突破1亿吨大关，达到了1.04亿吨，1985年达到1.25亿吨，迎来了我国石油生产的第一个大高潮。

2. 油公司模式（20世纪80年代中后期至1998年）

1982年中国海洋石油总公司成立，直属国务院领导，1983年中国海洋石油总公司参考国外油公司模式率先按照油公司、专业公司、基地服务等进行分开管理，分离了主业与非主业，分离甲乙方，成为国内油公司模式管理改革的领头羊。1983年7月，中国石油化工总公司成立，原来分属石油部、化工部、纺织部管理的39个石油化工企业被划归中国石油化工总公司领导。1988年8月，石油部撤销，改组为中国石油天然气总公司。中国石油工业也基本形成以陆上石油、海洋、石化三大公司为基础、各自独立经营的格局。

这一时期，我国的石油公司组织上由行政管理转为企业管理，价格上实行双轨制，运行上开始实行甲乙方分离。之后，三大国有石油公司开始了公司化经营，并开始走向国际。1993年至1996年底，中国石油天然气总公司先后在秘鲁、加拿大、泰国、巴布亚新几内亚、苏丹等国家和地区开始了油气勘探项目运作，石油工程技术服务队伍也逐渐走出国门。

至1998年底，我国的石油产量达到1.61亿吨，三大石油公司均形成了相对较为成熟的油公司模式，中国石油工业逐步从规模大向实力强转变。1999年，中国石油天然气股份公司、中国石油化工集团公司和中国海洋石油总公司首次同时在PIW世界最大50家石油公司榜上有名，分别位居第12、23和50位。

3. 国际化发展（1999—2013年）

这一时期，是三大石油公司重组、改制和跨越的时期，也是其走向市场化、国际化的时期。

1998年，按照"上下游、内外贸、产销供一体化"原则，国家对石油石化行业进行改制重组，从而形成了中石化、中石油、中海油"三足鼎立"局面。改革后的石油公司不再承担政府职能，而成为真正的市场主体。

三大石油公司于2000年前后分别实现了在美股、港股上市，并分别进行了多轮次的内部专业调整和重组，中海油1999年将平台制造、海上工程、工程设计等专业公司重组为海油工程，又在2002年重组中海油服，形成亚洲地区服务链条最完整、规模最大的近海油田专业服务公司。中石化则将未上市但与石油石化主业相关的业务重组为若干专业公司，同时成立资产经营管理公司，全面推进主辅分离改制分流，从1998年到2013年，原油产量从3532万吨上升到6949万吨，增长96.8%。

在2013年PIW世界50家最大石油公司综合排名中，中石油、中石化和中海油分别位列第4、第19和第32位。

4. 效益发展（2014年至今）

2014年，国际油价断崖式下跌，中国石油行业全面开启以效益和质量为导向的新型油公司模式探索和构建。2014年，中石化出台了油公司模式改革的指导意见，提出油田板块要建立起以"扁平化架构、科学化决策、市场化运营、专业化管理、社会化服务、效益化考核、信息化提升"为核心的，与世界一流油公司接轨的管理模式，其强调油气生产主营业务与油服辅助业务建立规范的甲乙方契约关系，从而形成分工协作、利益共享、风险共担的市场化运营机制。2017年，3家集团公司完成了公司制改革与更名。2018年，中石油出台了油公司模式改革的指导意见。

2020年，在PIW世界50家最大石油公司综合排名中，中石油综合第3位，中石化列第19位，中海油列第30位。

第三节 石油公司业务发展战略演变主要驱动因素

一、外部因素

油价是影响石油公司战略选择最重要的外部因素，油价的高低决定了石油公司把多少投资放在公司的上游业务。高油价下，石油公司会倾向于选择上游扩张型战略，低油价下则往往采取上游收缩或者以上游业务为核心的多元化战略。油价对于国际石油公司的投资战略的影响尤其明显，油价大幅下降后如果长期低迷，多数国际石油公司会减少区块面积，实行战略收缩。如在 20 世纪 80 年代的低油价周期中，埃克森在 1982 年的区块面积相对 1981 年减少 29%，1986 年相对 1985 年再次大幅下降 43%。投入大、风险程度高的区块是退出区块的首要选择，埃克森 1982 年退出了巴西、澳大利亚、苏里南、泰国等国总面积 5.8 万平方千米的深水区块，同时退出利比亚 8.7 万平方千米的浅水区块，退出海洋区块面积占其所有退出区块面积 82%。

地缘政治和资源国的油气政策，是石油公司战略布局的重要依据，决定了石油公司会把钱投资到全球哪些地方。1970 年之前，国际石油公司控制了中东、非洲、南美等世界主要油气资源地，也控制了国际石油贸易，随着 20 世纪 70 年代的资源国国有化运动，国际石油公司在这些资源国的发展遭受了重大挫折，损失严重，地缘政治因素成为影响国际石油公司发展的重要因素。石油公司会尽力避免在政治冲突严重、政局不稳定的国家进行投资。低油价下，资源国的石油政策多会波动频繁，社会经济不稳定性加剧；高油价下，资源国石油政策往往更倾向于吸引和鼓励外部公司进入高风险、高投入领域，在高利润和优惠政策的鼓励下，石油公司往往不会因为地缘政治原因

石油公司上游业务发展策略研究

轻易放弃某些业务，而是充分结合公司的发展战略以及环境变化趋势，进行综合评判做出投资决定。

技术突破是第三个外部因素，技术决定石油公司能把钱投入到哪些领域，也就是会影响公司发展方向的选择。技术突破可以让石油公司不断进入新领域，建立竞争优势。所以，一方面，石油公司会提前布局某些战略领域，另一方面，随着技术的发展，新领域商业价值凸显，石油公司会迅速调整战略。例如，随着海洋工程技术和三维地震、测井解释等物探技术的发展，国际石油公司在北海和墨西哥湾海域取得突破，海洋成为越来越多石油公司的重点布局方向，巴西深海等海域至今仍是关注焦点；而随着水平井和压裂技术的突破，北美页岩油气成为各大石油公司投资的重点。

环境因素是第四个外部因素，也是最新被列入公司战略选择的因素。随着全球能源向低碳化、清洁化转型，更多国家政府制定了能源清洁转型路线，这种用户选择带来的变化严格上说属于用户偏好的影响。对于大部分时候处于卖方市场的全球油气市场，过去用户影响微乎其微，但现在已经显著影响到各公司的战略选择。如果说油价影响了石油公司把多少钱放在上游业务上，那么环境因素或者说用户的偏好，将决定石油公司将多少钱投资在油气业务上。

无论是国际石油公司，还是国家石油公司，在战略选择上都受上述4个因素驱动。除了上述4个主要因素，还有其他因素在某些时候也会影响到油气上游行业的投资策略，如2010年左右的全球石油市场被场外交易控制，上游产业受影响制造了大量富余产能。

二、内部因素

不同类型公司战略发展内部驱动因素不同。

国际石油公司作为上市公司，驱动其战略发展的首要内部因素就是股东回报，其次为了公司的可持续发展，这其中储量置换和产量增长在国际石油公司战略演变中具有主导地位；第三个驱动因素就是投资回报率，作为投资者对公司发展前景的重要判断依据之一,如何提升投资回报率,赢得投资者的信任,也是国际石油公司战略制定的重要因素。

对于国家石油公司,由于肩负着本国资源保障的使命,所以其内部核心战略演变的首要驱动因素就是国家能源需求,对于资源型国家石油公司就是要保持国家油气财富的稳定升值,对于市场型国家石油公司就是要尽量保障国家能源安全。其次,国家石油公司在战略制定中也要考虑储量置换和产量增长,以及公司的综合投资回报。

第二章

石油公司投资策略

　　公司的发展战略是对一定时期内的全局的、长远的发展方向、目标、任务和政策，以及资源调配做出的决策。战略是对企业发展方向性的选择和发展的指引，而战略的落地离不开各方面的因素，其中投资策略就是实现战略的最重要的一个环节。本章重点研究了周期性高油价和低油价下，石油企业的投资规律即投资策略。为了保持研究的连续性和可对比性，选择了2009—2013年高油价时期、2013—2018年低油价时期这两个等长的连续时间段进行研究。

第一节　油价持续上涨时期石油公司投资规律

高油价下,石油公司普遍采取扩张策略,在投资方面表现为:资本支出快速增长,并且更加向上游倾斜。在油价持续增长的情况下,储量成为最核心的竞争力,各石油公司通过自主勘探和兼并购等手段获得储量增长,自主勘探投资增加、兼并购活动频繁,上游的投资额度迅速增加;在投资增长和储量获取竞争加剧的情况下,之前处于边际效益的非常规储量也开始进行勘探开发。

一、资本支出

2009—2013 年,国际油价从 61.73 美元/桶上涨至 97.98 美元/桶,持续高位运转的油价给石油公司带来了丰厚的现金流,各类石油公司的资本支出均呈快速增长态势。

1. 国际石油公司资本支出变化趋势

2009 年,五大国际石油公司资本支出总额为 1168.3 亿美元,到 2013 年增长至 1997.1 亿美元,5 年年均复合增长率 14.34%,总体投资增长幅度为 71%(表 2-1)。

表 2-1　国际石油公司 2009—2013 年资本支出表

公司	资本支出(亿美元)					增长幅度(%)	复合增长率(%)
	2009 年	2010 年	2011 年	2012 年	2013 年		
埃克森美孚	270.92	322.26	367.66	397.99	424.89	56.83	11.91
壳牌	288.82	236.80	235.03	298.03	443.03	53.39	11.29
bp	200.01	230.16	315.18	243.42	366.12	83.05	16.32
雪佛龙	222.37	217.55	290.66	342.29	418.77	88.32	17.15
道达尔	186.19	215.73	341.61	294.77	344.27	84.90	16.61
合计	1168.31	1222.50	1550.14	1576.50	1997.08	70.94	14.34

数据来源:各石油公司年报。

2009—2013年，五大国际石油公司中，bp、雪佛龙和道达尔的资本支出复合增长率超过16%，雪佛龙的资本支出从2009年的222.37亿美元快速增长至2013年的418.77亿美元，增长幅度达到88.32%，居五大国际石油公司之首。

资本支出增长势头强劲，埃克森美孚和壳牌因投资规模本来就高于上述3个公司，因此复合增长率没有上述3家公司激进，一直保持在11%~12%之间，但从增长幅度上看，也都超过了50%。埃克森美孚资本支出从270.92亿美元增长至424.89亿美元，壳牌资本支出从288.82亿美元增长至443.03亿美元，2013年度的资本支出为五大国际石油公司之首。另外3家国际石油公司增长幅度更大，总体增幅超过80%。bp资本支出从2009年的200.01亿美元增长到2013年的366.12亿美元，增幅为83.05%。道达尔从2009年的186.19亿美元增长至2013年的344.27亿美元，增幅为84.9%。雪佛龙从2009年的222.37亿美元快速增长至2013年的418.77亿美元，增长幅度位居几大石油公司之首。

2. 国家石油公司资本支出变化趋势

主要国家石油公司资本支出增长幅度较国际石油公司明显偏低，5年平均增幅为40.13%，5年年均复合增长率8.8%（表2-2）。从这一数据来看，国家石油公司在面对油价变化时，资本支出调整速度相对国际石油公司缓慢。

表2-2　国家石油公司2009—2013年资本支出表

公司	资本支出（亿美元）					增长幅度（%）	复合增长率（%）
	2009年	2010年	2011年	2012年	2013年		
中石油	390.79	418.50	451.85	565.83	526.45	34.72	7.73
中石化	165.10	189.33	218.74	271.21	305.81	85.22	16.66
中海油	64.01	78.65	106.50	96.31	147.65	130.66	23.24
挪威石油	145.93	144.12	222.94	203.54	192.97	32.24	7.23
埃尼石油	197.21	185.86	173.35	169.03	176.64	−10.43	−2.72
合计	963.04	1016.46	1173.38	1305.92	1349.52	40.13	8.80

数据来源：各石油公司年报。

2009—2013年,埃尼石油的资本支出从197.21亿美元下跌至176.64亿美元,增长幅度为-10.43%,是国家石油公司中唯一一家资本支出减少的。除埃尼以外的其他国家石油公司资本支出均呈增长势头。其中,中海油投资总额从2009年的64.01亿美元增长至2013年的147.65亿美元,增长幅度达到130.66%,为各国家石油公司增长幅度之首。中石化从2009年的165.1亿美元增长至2013年的305.81亿美元,增长幅度为85.22%。中石油从2009年的390.79亿美元增长至2013年的526.45亿美元,增长幅度为34.72%。挪威石油从2009年的145.93亿美元增长至2013年的192.97亿美元,增长幅度为32.34%,增幅在国家石油公司中最低。

二、上游业务支出

高油价下,上游业务利润空间增长,成为主要盈利单元,各类石油公司投资均更加向上游集中,上游成为各石油公司投资重点。

1. 国际石油公司上游业务支出变化趋势

2009—2013年,国际石油公司上游业务支出从935亿美元增长至1641亿美元,增幅达到76%,复合增长率15%,略高于公司整体资本支出增长率(表2-3)。其中,增长幅度最高的是雪佛龙,上游支出从2009年的141亿美元增加到2013年的335亿美元,增幅高达137%,5年复合增长率高达24%。

表2-3 国际一体化石油公司2009—2013年上游支出变化

公司	上游支出(亿美元)					增长幅度（%）	复合增长率（%）
	2009年	2010年	2011年	2012年	2013年		
埃克森美孚	215	717	320	326	360	67	14
壳牌	255	297	251	373	403	58	12
bp	162	202	258	219	246	52	11
雪佛龙	141	189	274	261	335	137	24
道达尔	161	160	286	235	297	85	17
合计	935	1565	1389	1414	1641	76	15

数据来源:各石油公司年报。

从支出占比角度看，2009—2013 年，五大国际石油公司上游平均支出占比从 2009 年 76.8% 增长至 2013 年的 82.2%（表 2-4）。上游支出平均占比最高的是雪佛龙，这与雪佛龙采取向勘探领域进行战略侧重、强调自主勘探有机增长等措施有很大关系，2013 年上游支出占比总投资的比例达到 90.40%。而 bp 因 2010 年墨西哥湾"深水地平线漏油"事件，不得不全面压缩支出以支付赔偿，其中上游支出被重点压缩，在公司总资本支出的占比从 2009 年的 73.48% 下降到 52.21%。

表 2-4　国际一体化石油公司 2009—2013 年上游支出占比　　　　单位：%

公司	2009 年	2010 年	2011 年	2012 年	2013 年
埃克森美孚	76.42	84.77	90.00	90.67	89.98
壳牌	77.30	89.62	81.19	84.96	88.52
bp	73.48	77.13	81.02	73.37	52.21
雪佛龙	82.28	86.89	89.01	88.94	90.40
道达尔	73.83	81.17	88.38	85.51	86.40
合计	76.84	84.01	86.30	85.58	82.20

数据来源：各石油公司年报。

2. 国家石油公司上游业务支出变化趋势

国家石油公司上游投资额低于国际石油公司，但在高油价期间也都加大了上游投资，上游支出在总支出中的占比也随之增加。需要指出的是，中海油不属于一体化公司，其业务链仅有上游，在此处仅列出五年的投资额，不做上游业务投资占比的讨论。

2009—2013 年，5 家国家石油公司上游总支出从 590 亿美元增长至 1231 亿美元，增长幅度达到 109%，复合增长率高达到 20%（表 2-5）。

从支出占比角度看，4 家国家一体化石油公司的上游资本支出占比从 2009 年 63.48% 增长至 76.95%（表 2-6）。其中，挪威石油和埃尼石油上游支出占比均超过 80%，与 5 家国际石油公司的 82.20% 较为接近。

在油价持续增长过程中，中石油、中石化上游支出占比低于国际石油公司。中石油的上游支出占比从 48.35% 增长到 75.18%，变化幅度最大；中石化受到业务整体架构的影响，上游支出占比从 48.14% 增长到 56.89%，5 年复合增长率12%，支出占比变化较小。

表 2-5 国家石油公司 2009—2013 年上游支出变化

公司	上游支出（亿美元）					增长幅度（%）	复合增长率（%）
	2009年	2010年	2011年	2012年	2013年		
中石油	197	280	269	391	357	81	16
中石化	95	96	115	151	149	57	12
中海油	68	126	120	121	363	435	52
挪威石油	130	132	217	211	204	57	12
埃尼石油	100	103	112	122	158	58	12
合计	590	738	832	995	1231	109	20

数据来源：各石油公司年报。

表 2-6 国家石油公司 2009—2013 年上游支出占比　　　　单位：%

公司	2009年	2010年	2011年	2012年	2013年
中石油	48.35	58.25	57.02	64.45	75.18
中石化	48.14	43.05	45.07	46.80	56.89
挪威石油	88.14	90.40	94.16	91.09	93.87
埃尼石油	69.27	69.86	70.21	80.49	81.84
合计	63.48	65.39	66.62	70.71	76.95

数据来源：各石油公司年报，合计数据中不含中海油。

三、储量获取支出

高油价阶段，油气储量作为最核心的资产，成为各石油公司投资的重点，各石油公司储量获取支出增速显著。

1. 国际石油公司储量获取支出变化趋势

五大国际石油公司中，2009—2013年，储量获取投资从205.68亿美元增长到416.7亿美元，增幅超过100%，年均复合增长率达到19%（表2-7）。储量购买和自主勘探是石油公司获取储量最重要的两种方式，其中，储量购买投资增幅为176.69%，年均复合增长率29%；勘探支出增幅67.51%，年均复合增长率14%。可以看出，综合来看，这一时期，国际石油公司倾向于采用储量购买的方式快速获取油气资源。

表 2-7　五大一体化国际石油公司 2009—2013 年储量获取支出构成及变化

公司	支出构成	储量获取支出（亿美元） 2009 年	2010 年	2011 年	2012 年	2013 年	增长幅度（%）	复合增长率（%）
埃克森美孚	储量购买	12.85	454.61	37.87	22.07	51.86	303.58	42
	勘探	31.11	30.55	25.03	28.61	29.72	-4.47	-1
	合计	43.96	485.16	62.9	50.68	81.58	85.58	17
壳牌	储量购买	12.76	72.63	39.46	61.27	33.87	165.44	28
	勘探	43.56	48.37	61.67	91.59	93.33	114.26	21
	合计	56.32	121	101.13	152.86	127.2	125.85	23
bp	储量购买	9.07	53.21	99.43	20.74	29.6	226.35	34
	勘探	29.06	28.3	25.95	45.81	49.64	70.82	14
	合计	38.13	81.51	125.38	66.55	79.24	107.82	20
雪佛龙	储量购买	0.32	12.98	88.48	18.77	28.72	8875.00	208
	勘探	19.24	15.78	19.12	24.39	31.86	65.59	13
	合计	19.56	28.76	107.6	43.16	60.58	209.71	33
道达尔	储量购买	31.1	32.17	95.88	31.41	38.84	24.87	6
	勘探	16.61	17.38	21.98	27.26	29.26	76.14	15
	合计	47.71	49.55	117.86	58.67	68.1	42.74	9
合计	储量购买	66.1	625.6	361.12	154.26	182.89	176.69	29
	勘探	139.58	140.38	153.75	217.66	233.81	67.51	14
	合计	205.68	765.98	514.87	371.92	416.7	102.60	19

数据来源：各石油公司年报。

埃克森美孚储量购买投资增长了 303.58%，其中，最重要的投资是 2010 年以 410 亿美元收购 XTO 能源，加大天然气储量；由于收购储量的增长，埃克森美孚在同期压缩了勘探支出。壳牌储量购买投资增长 165.44%，勘探投资增长 114.26%。bp 储量购买支出和勘探支出两个指标分别增长 226.35%、70.82%。雪佛龙也表现为购买和自主勘探的双向增长，其中，储量购买增幅高达 8875%，这是由于雪佛龙在 2009 年以自主勘探为主，储量购买支出仅为 0.32 亿美元，较小的基数使得增幅较大。道达尔储量购买支出相对较少，增幅 24.87%，自主勘探投资持续增长，增幅达到 76.14%。

2. 国家石油公司储量获取支出变化趋势

国家石油公司的储量获取投资从2009年的132.59亿美元增长到2013年的449.68亿美元，增幅高达239.15%，5年年均复合增长率36%。其中储量购买投资增幅2380%，5年年均复合增长率123%；勘探支出增幅51.78%，5年年均复合增长率11%（表2-8）。

表2-8 国家石油公司2009—2013年储量获取支出构成及变化

公司	支出构成	储量获取支出（亿美元）2009年	2010年	2011年	2012年	2013年	增长幅度（%）	复合增长率（%）
中石油	储量购买	0	26.61	8.54	46.65	28.14	—	—
	勘探	47.94	60.94	59.62	65.69	68.83	43.57	9
	合计	47.94	87.55	68.16	112.34	96.97	102.27	19
中石化	储量购买	0	0	0	0	0	0	—
	勘探	21.34	23.86	32.92	36.33	28.22	32.23	7
	合计	21.34	23.86	32.92	36.33	28.22	32.24	7
中海油	储量购买	1.49	68.83	4.026	17.31	227.82	15198.67	252
	勘探	10.7	11.52	15.46	21.36	27.61	157.93	27
	合计	12.19	80.35	19.486	38.67	255.43	1995.41	114
挪威石油	储量购买	2.29	11.83	68.42	12.04	7.22	214.78	33
	勘探	29.25	28.69	31.37	37.55	35.75	22.24	5
	合计	31.54	40.52	99.79	49.59	42.97	36.24	8
埃尼石油	储量购买	6.89	0	7.54	0.43	1.45	−78.96	−32
	勘探	12.69	10.57	12.37	18.8	24.64	94.17	18
	合计	19.58	10.57	19.91	19.23	26.09	33.25	7
合计	储量购买	10.67	107.27	88.526	76.43	264.63	2380.13	123
	勘探	121.92	135.58	151.74	179.73	185.05	51.78	11
	合计	132.59	242.85	240.266	256.16	449.68	239.15	36

数据来源：各石油公司年报。

其中，中海油、中石油在这一阶段开启了海外储量资产收购活动。海外业务的大幅增长，使中海油储量获取投资从2009年的12.19亿美元增长至2013年的255.43亿美元，增长近20倍；中石油则从47.94亿美元增长至96.97亿美元，储量获取支出呈翻倍增长；中石化、埃尼石油和挪威石油则相对保守，增幅均低于35%，其中埃尼石油的自主勘探投资增长幅度最大，达到94.17%。

第二节 油价持续下跌时期石油公司投资规律

低油价下，石油公司普遍采取收缩策略，在投资方面表现为：为了维持现金流，资本支出急剧收缩；受低油价影响，下游业务成为盈利单元，上游资本支出下降；同时，为了降低成本，各石油公司上游业务向成熟区域和核心区域收缩，但在油价下降1~2年后，随着部分小公司经营难以为继，各大石油公司在这一阶段通过兼并购活动进一步强化核心资产。

一、资本支出

2013—2017年，随着油价走低，石油公司资本支出整体呈下降态势。

1. 国际石油公司资本支出变化趋势

2013—2017年，各国际石油公司资本支出呈走低趋势，从2013年的1997.08亿美元下降至2017年的1002.92亿美元，降幅达到50%，5年年均复合增长率-16%（表2-9），甚至低于2009年的1168.31亿美元。

表2-9 国际石油公司2003—2017年资本支出表

公司	资本支出（亿美元）					增长幅度（%）	复合增长率（%）
	2013年	2014年	2015年	2016年	2017年		
埃克森美孚	424.89	385.37	310.51	193.04	230.8	-46	-14
壳牌	443.03	373.39	288.61	798.77	236.55	-47	-15
bp	366.12	234.93	194.58	193.79	178.4	-51	-16
雪佛龙	418.77	403.16	339.79	224.28	188.21	-55	-18
道达尔	344.27	305.09	280.33	205.3	168.96	-51	-16
合计	1997.08	1701.94	1413.82	1615.18	1002.92	-50	-16

数据来源：各石油公司年报。

5年年均复合增长率最低的为雪佛龙，为-18%，从2013年的418.77亿美元降至2017年的188.21亿美元，降幅达到55%。bp资本支出从366.12亿美元降至178.4亿美元，降幅为51%。埃克森美孚资本支出从424.89亿美元降至230.8亿美元，降幅46%，为五大石油公司最低。

2. 国家石油公司资本支出变化趋势

总体来看，2013—2017年，各国家石油公司资本支出总额总体降幅为43%，5年年均复合增长率-13%（表2-10）。

表2-10　国家石油公司2013—2017年资本支出表

公司	资本支出（亿美元）					增长幅度（%）	复合增长率（%）
	2013年	2014年	2015年	2016年	2017年		
中石油	526.45	470.18	311.44	248.5	330.92	-37	-11
中石化	305.81	249.23	173.11	110.21	152.1	-50	-16
中海油	147.65	170.36	101.42	70.25	76.09	-48	-15
挪威石油	192.97	199.24	155.84	141.25	107.95	-44	-14
埃尼石油	176.64	148.1	121.83	96.11	98.1	-44	-14
合计	1349.52	1237.11	863.64	666.32	765.16	-43	-13

数据来源：各石油公司年报。

中石油从2013年的526.45亿美元下降至2017年的330.92亿美元，下降幅度为37%，复合增长率-11%，调整较为平缓。中石化从2013年的305.81亿美元下降至2017年的152.1亿美元，下降幅度为50%，复合增长率-16%，调整最大。埃尼石油和挪威石油复合增长率均为-14%。

二、上游投资支出

持续低油价下，石油公司上游投资整体呈下降趋势，在公司总投资中占比同样呈下降趋势。

1. 国际石油公司上游业务支出占比变化趋势

2013—2017年，国际石油公司上游资本支出从1641亿美元下降至922亿美元，总额总体降幅为44%，5年年均复合增长率-13%（表2-11）。2013—2017年，道达尔上游投资额从297亿美元下降到119亿美元，总体下降幅度为60%，降幅为五大国际石油公司之首。bp公司上游投资额从246亿美元下降到215亿美元，总体下降幅度为13%，复合增长率-3%，为降幅最低的公司。

表2-11 国际石油公司2013—2017年上游支出变化

公司	上游支出（亿美元）					增长幅度（%）	复合增长率（%）
	2013年	2014年	2015年	2016年	2017年		
埃克森美孚	360	318	234	128	257	-29	-8
壳牌	403	385	310	648	174	-57	-19
bp	246	229	191	208	215	-13	-3
雪佛龙	335	337	286	176	157	-53	-17
道达尔	297	255	242	158	119	-60	-20
合计	1641	1523	1263	1318	922	-44	-13

数据来源：各石油公司年报。

2017年五大国际石油公司平均上游支出占比下降至69.81%（表2-12）。其中壳牌的上游支出占比从2013年的88.52%下降至2017年的55.63%，下降幅度最大。而bp在摆脱了墨西哥湾"深水地平线漏油"事件的影响之后，逐步恢复了上游的投资，2017年上游投资占比为77.15%，远高于2013年的52.21%，是五大国际石油公司中唯一上游支出占比上升的公司。

表2-12 国际石油公司2013—2017年上游支出占比 单位：%

公司	2013年	2014年	2015年	2016年	2017年
埃克森美孚	89.98	84.92	81.82	75.33	72.34
壳牌	88.52	59.37	63.58	59.48	55.63
bp	52.21	80.85	83.81	82.81	77.15
雪佛龙	90.40	92.06	91.58	89.69	87.07
道达尔	86.40	86.93	86.58	78.11	59.22
合计	82.20	80.80	81.66	70.73	69.81

数据来源：各石油公司年报。

2. 国家石油公司上游业务支出占比变化趋势

2013—2017年，国家石油公司上游资本支出从1231亿美元下降至588亿美元，总额总体降幅为52%，5年年均复合增长率-17%（表2-13）。需要指出的是，中海油依然仅讨论上游业务支出额变化，不做投资占比讨论。

石油公司上游业务发展策略研究

2013—2017 年，中海油上游投资额从 2013 年的 363 亿美元下降至 2017 年的 82 亿美元，总体下降幅度为 77%，复合增长率 –31%，是国家石油公司上游投资降幅最高的公司。中石油上游投资额从 2013 年的 357 亿美元下降至 2017 年的 239 亿美元，总体下降幅度为 33%，复合增长率 –10%，是变化最为平缓的国家石油公司。

表 2-13 国家石油公司 2013—2017 年上游支出变化

公司	上游支出（亿美元）					增长幅度（%）	复合增长率（%）
	2013 年	2014 年	2015 年	2016 年	2017 年		
中石油	357	353	239	191	239	–33	–10
中石化	149	148	102	65	63	–58	–19
中海油	363	198	104	77	82	–77	–31
挪威石油	204	209	157	127	106	–48	–15
埃尼石油	158	180	119	90	98	–38	–11
合计	1231	1088	721	549	588	–52	–17

数据来源：各石油公司年报。

2017 年五大国际石油公司平均上游支出占比下降至 71.73%（表 2-14）。其中，中石化上游支出占总支出的比例由 2013 年的 56.89% 下降至 2017 年的 31.54%，是 4 家一体化国家石油公司中降幅最大的。中石油、挪威石油的下降幅度有限，都控制在 2% 之内。而埃尼石油的上游支出占比不升反降，从 2013 年的 81.84% 上升到 88.45%，是国家石油公司中唯一上升的。可以看出上游业务依然是国家石油公司的投资重点，上游资本支出受到油价的影响相比国际石油公司小。

表 2-14 国家石油公司 2013—2017 年上游支出占比　　　单位：%

公司	2013 年	2014 年	2015 年	2016 年	2017 年
中石油	75.18	75.92	78.04	75.56	74.92
中石化	56.89	51.86	48.67	42.10	31.54
挪威石油	93.87	93.19	92.48	93.32	92.01
埃尼石油	81.84	85.98	88.96	90.63	88.45
合计	76.95	76.74	77.04	75.40	71.73

数据来源：各石油公司年报，合计数据中不包含中海油数据。

三、储量获取支出

在低油价下,现金流成为公司发展的最核心指标之一,为了维持现金流平衡,为获取储量进行的投资也相应下降。

1. 国际石油公司储量获取支出变化趋势

对比 2013 年,2017 年各国际石油公司储量获取投资均表现为下降趋势,下降幅度为 23.23%,5 年年均复合增长率为 -6.4%。但是储量购买支出出现增长,5 年年均复合增长率为 5.0%;勘探支出大幅下降,降幅为 58.25%,5 年年均复合增长率 -19.6%(表 2-15)。可以看出,在低油价时期,国际石油公司倾向于减少自主勘探投资,但是由于低油价下很多中小公司无力维持,储量购买价格相对便宜,国际石油公司依然会通过购买储量保持公司的核心竞争力,实现"逆周期"的储量结构调整。如 2016 年后油价小幅回升,国际石油公司储量购买投资明显增加,但波动较大。埃克森美孚于 2017 年支出 140.23 亿美元,主要用以收购二叠纪盆地非常规油气资源,增加公司在北美的非常规油气储量;壳牌在 2016 年以 443.13 亿美元并购 BG,主要增加了天然气储量及相关资产。

表 2-15 国际石油公司 2013—2017 年储量获取支出及变化

公司	支出构成	储量获取支出(亿美元)					增长幅度(%)	复合增长率(%)
		2013 年	2014 年	2015 年	2016 年	2017 年		
埃克森美孚	储量购买	51.86	14.72	4.77	2.7	140.23	170.40	28.2
	勘探	29.72	34.72	22.45	17	25.24	-15.07	-4.0
	合计	81.58	49.44	27.22	19.7	165.47	102.83	19.3
壳牌	储量购买	33.87	11.29	2.7	443.13	28.23	-16.65	-4.5
	勘探	93.33	71.63	65.82	32.42	29.22	-68.69	-25.2
	合计	127.2	82.92	68.52	475.55	57.45	-54.83	-18.0
bp	储量购买	29.6	11.24	3.95	50.51	42.95	45.10	9.8
	勘探	49.64	30.48	19.26	15.46	19.41	-60.90	-20.9
	合计	79.24	41.72	23.21	65.97	62.36	-21.30	-5.8

续表

公司	支出构成	储量获取支出（亿美元）					增长幅度（%）	复合增长率（%）
		2013年	2014年	2015年	2016年	2017年		
雪佛龙	储量购买	28.72	8.52	6.85	0.95	2.93	−89.80	−43.5
	勘探	31.86	32.68	24.22	14.21	11.93	−62.55	−21.8
	合计	60.58	41.2	31.07	15.16	14.86	−75.47	−29.6
道达尔	储量购买	38.84	10.88	28.35	9.23	7.97	−79.48	−32.7
	勘探	29.26	26.2	19.55	13.95	11.81	−59.64	−20.3
	合计	68.1	37.08	47.9	23.18	19.78	−70.95	−26.6
合计	储量购买	182.89	56.65	46.62	506.52	222.31	21.55	5.0
	勘探	233.81	195.71	151.3	93.04	97.61	−58.25	−19.6
	合计	416.7	252.36	197.92	599.56	319.92	−23.23	−6.4

数据来源：各石油公司年报。

2. 国家石油公司储量获取支出变化趋势

2013—2017年，国家石油公司储量获取投资均表现为下降趋势，投资额从449.68亿美元下降至115.99亿美元，降幅74.21%，5年年均复合增长率−28.7%（表2-16）。国家石油公司主要通过大幅降低储量购买和适度降低勘探投资来实现支出控减，这一时期，储量购买支出下降了95.32%，勘探支出下降44.01%，二者的复合增长率分别为−53.5%、−13.5%。

表2-16　国家石油公司2013—2017年储量获取支出构成及变化

公司	支出构成	储量获取支出（亿美元）					增长幅度（%）	复合增长率（%）
		2013年	2014年	2015年	2016年	2017年		
中石油	储量购买	28.14	33.22	0.73	0	0	−100.00	−100.0
	勘探	68.83	59.27	47.45	43.81	48.24	−29.91	−8.5
	合计	96.97	92.49	48.18	43.81	48.24	−50.25	−16.0
中石化	储量购买	0	0	0	0	0	—	—
	勘探	28.22	27.19	18.58	16.47	17.16	−39.19	−11.7
	合计	28.22	27.19	18.58	16.47	17.16	−39.19	−11.7
中海油	储量购买	227.82	0	0	0	0	−100.00	−100.0
	勘探	27.61	39.39	24.52	14.43	15.73	−43.03	−13.1
	合计	255.43	39.39	24.52	14.43	15.73	−93.84	−50.2

续表

公司	支出构成	储量获取支出（亿美元）					增长幅度（%）	复合增长率（%）
		2013年	2014年	2015年	2016年	2017年		
挪威石油	储量购买	7.22	11.33	6.25	24.86	12.27	69.94	14.2
	勘探	35.75	37.27	28.59	14.37	12.35	−65.45	−23.3
	合计	42.97	48.6	34.84	39.23	24.62	−42.70	−13.0
埃尼石油	储量购买	1.45	0	0	0.02	0.11	−92.41	−47.5
	勘探	24.64	19.59	9.26	7.18	10.13	−58.89	−19.9
	合计	26.09	19.59	9.26	7.2	10.24	−60.75	−20.8
合计	储量购买	264.63	44.55	6.98	24.88	12.38	−95.32	−53.5
	勘探	185.05	182.71	128.4	96.26	103.61	−44.01	−13.5
	合计	449.68	227.26	135.38	121.14	115.99	−74.21	−28.7

数据来源：各石油公司年报。

2013—2017年，我国石油公司大幅削减储量购买支出，中石油在2016—2017年、中石化在2013—2017年、中海油在2014—2017年均无储量购买支出。但我国石油公司在连续低油价期间，重视自主勘探，保持了较好的勘探支出水平，中石油、中石化、中海油的5年年均复合增长率为−8.5%、−11.7%、−13.1%，低于挪威石油的−23.3%和埃尼石油的−19.9%。

第三节　不同油价情景下石油公司投资策略

一、投资策略

本章研究了持续低油价和持续高油价两种情景下的石油公司投资策略，所讨论的这两种情景，需求基本面未发生大幅变化，油价主要受供应侧和金融面影响，因需求大幅受挫导致的低油价不属于上述两个情景。主要结论认识如下。

石油公司上游业务发展策略研究

1. 需求相对稳定、油价持续上涨情景

在需求相对稳定的持续高油价情景下,储量是石油公司最核心资产,也是最大利润动因。在这一环境下,石油公司投资策略为:资本支出、上游业务支出、储量获取支出都呈持续增长态势,其中资本支出增长速度＜上游业务支出增长速度＜储量获取支出增长速度(表2-17),但不同类型石油公司特点有所不同:国际石油公司总资本支出变化幅度和速度小于国家石油公司,但由于国家石油公司上游资产以本土资源为主,表现出强烈的全球资产配置欲望,因此无论是上游支出还是储量获取支出都高于国际石油公司,其投资策略表现得更为激进(图2-1)。

表 2-17 不同类型公司在不同油价情景下的资本支出复合增长率

类型	油价增长情景			油价下降情景		
	资本支出(%)	上游支出(%)	储量获取支出(%)	资本支出(%)	上游支出(%)	储量获取支出(%)
国际石油公司	14.34	15	19	−16	−13	−6.40
国家石油公司	8.80	20	36	−13	−17	−28.70

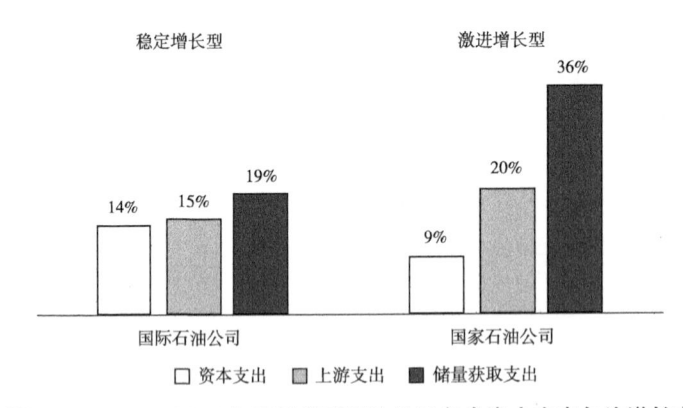

图 2-1 2009—2013 年不同类型石油公司各类资本支出年均增长率

2. 需求相对稳定、油价持续下跌情景

在需求相对稳定的持续低油价情景下,石油公司投资策略为:资本支出、上游业务支出、储量获取支出持续下降。

不同类型的石油公司其表现的特点不同,国际石油公司表现为稳定削减,而国家石油公司则表现为激进削减(图2-2)。国际石油公司的资本支出下降速度＞上游业务支出下降速度＞储量获取支出下降速度，说明低油价下，虽然储量获取支出也有所下降，但国际石油公司仍然把储量作为最核心的资产，适时并购资产的同时进行剥离，达到资产结构优化的目的，同时调节资本支出和现金流，通过调整业务重点以适应市场变化。

国家石油公司资本支出速度下降模式相反，资本支出下降速度＜上游业务支出下降速度＜储量获取支出下降速度，尤其是对储量资产的获取支出，主要集中在自主勘探方面，保持了稳定投入，但储量购买几乎全部停止。

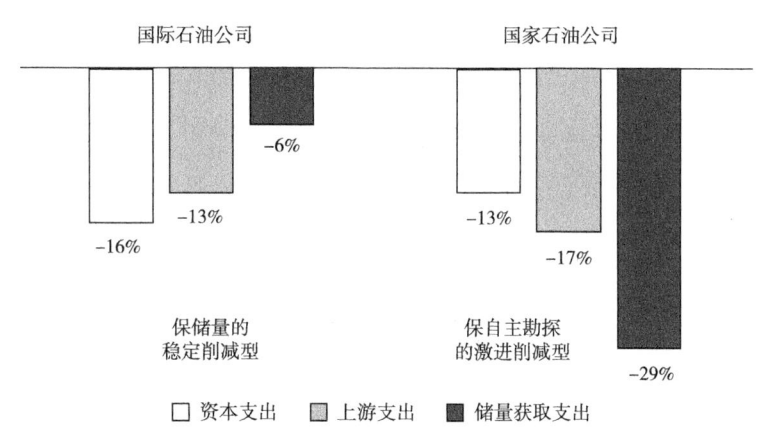

图 2-2　2013—2017 年不同类型石油公司各类资本支出年均增长率

3. 总体支出调整变化特点

无论是持续低油价还是持续高油价下，在总体支出的调整幅度上，国家石油公司调整速度和调整幅度均低于国际石油公司，这是因为国家石油公司主要资产在本国国内，国际化程度相对较低，限制了高油价下的调整灵敏度；而且肩负着保障本国油气供应的任务，又限制了低油价下的调整幅度。

二、兼并购策略

高油价下，国际石油公司兼并购相对慎重，而国家石油公司表现出极高的热情；根据对国际石油公司的并购时机分析，可以看到油价暴跌后 1~2 年后，部分中小公司因现金流问题，出现倒闭或出售资产谋求生存情况，此时是并购的最佳时机。

石油公司上游业务发展策略研究

1. 需求相对稳定、油价持续上涨时期

在高油价的 2009—2013 年，国际石油公司的储量购买投资额呈现波动态势，在 2010 年和 2011 年两年间储量收购明显增加，2012 年开始降低，反映了国际石油公司在油价快速上升期非常重视储量购买和兼并购以期扩大公司油气储量。

油价快速上涨的 2009—2011 年，bp 的储量购买投资从 9.07 亿美元迅速增至 99.43 亿美元，增加 10 倍以上；埃克森美孚则因在 2010 年收购了专注于非常规资源开发和生产的 XTO 能源公司，使得 2010 年的储量购买投资达到 454.61 亿美元。2011 年，雪佛龙收购了宾夕法尼亚州 Atlas 能源公司，支付 32 亿美元现金和 Atlas 欠下的 11 亿美元额外债务，还从 Chief Oil & Gas LLC 和 Tug Hill 获得了 Marcellus 页岩中 22.8 万英亩[1]的钻探和开发权，使得储量购买投资从 2009 年的 0.32 亿美元迅速增加至 2011 年的 88.48 亿美元。

在油价较平稳或缓慢增加的 2011—2013 年，因担心石油价格波动，国际石油公司的储量购买投资在 2012 年快速下降，2013 年又略有回升。仍以雪佛龙为例，其 2012 年和 2013 年的储量购买投资分别为 18.77 亿美元和 28.72 亿美元，显著低于 2011 年的 88.48 亿美元（图 2-3）。

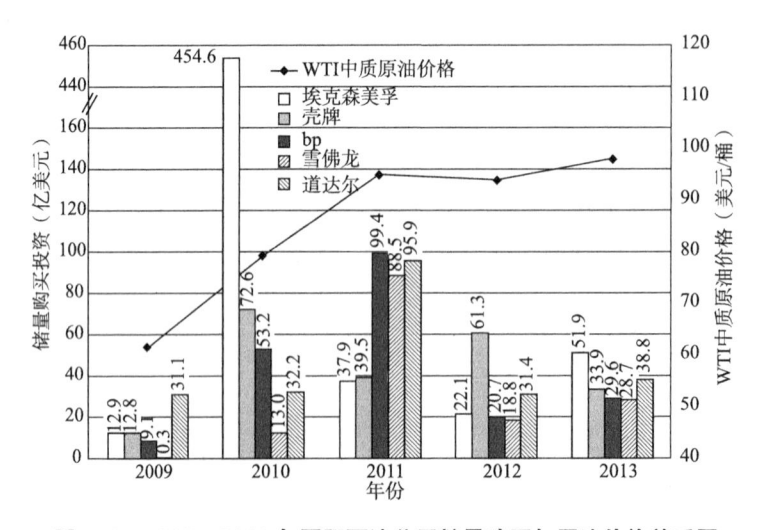

图 2-3 2009—2013 年国际石油公司储量购买与原油价格关系图

---

[1] 1 英亩 =0.004047 平方千米。

国家石油公司2009—2013年间的兼并购时机则各有不同：埃尼石油和挪威石油与国际石油公司类似，均在2011年达到储量购买投资的高峰，此后明显下降；中石油在2011—2013年间储量购买持续走高，在2010年为26.61亿美元，到2012年达到46.65亿美元；中海油也在4年中进行了储量购买，到2013年更是达到购买最高值，支出达到227.82亿美元。中石化5年间没有储量购买投资（图2-4）。

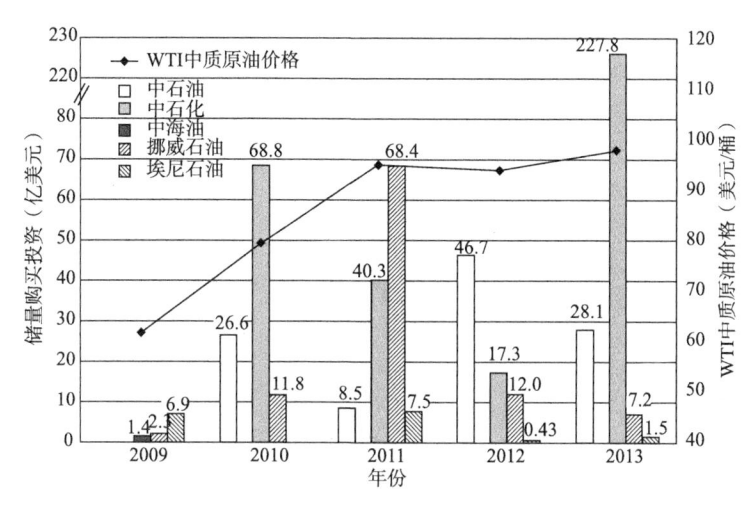

图2-4 2009—2013年国家石油公司储量购买与原油价格关系图

2.需求相对稳定、油价持续下降时期

低油价周期下，资产剥离是国际石油公司应对资产估值缩水、资产负债率高企和自由现金流短缺等问题的典型做法。2013年国际油价暴跌以来，国际石油公司勘探投资额大幅下降，其中壳牌、bp和雪佛龙降幅最为显著；2016年后油价回升，石油公司储量购买的投资增加，但波动较大（图2-5）。

2013年，壳牌开始出售其美国页岩气资产。2014年2月出售其大部分澳大利亚资产后，在2016年收购英国BG天然气集团，增加了天然气储量及相关资产，使得储量购买支出达到443.13亿美元。2017年，壳牌将价值24.6亿英镑的北海资产出售给石油勘探公司Chrysaor，同年又将其油砂资产出售给加拿大自然资源公司。埃克森美孚2017年支出140.23亿美元，收购二叠纪盆地资源，增加公司在北美的非常规油气储量（图2-6）。

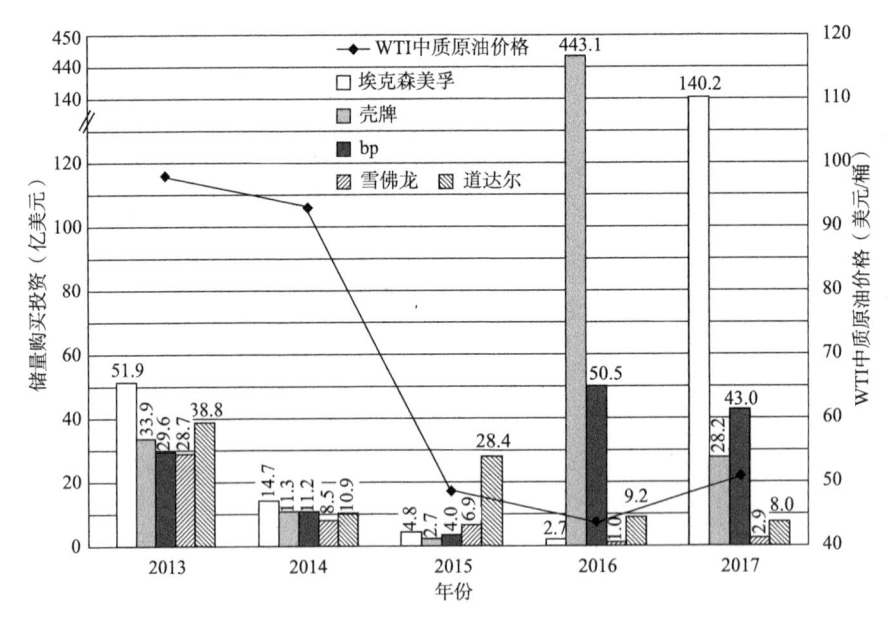

图 2-5　2013—2017 年国际石油公司储量购买与原油价格关系图

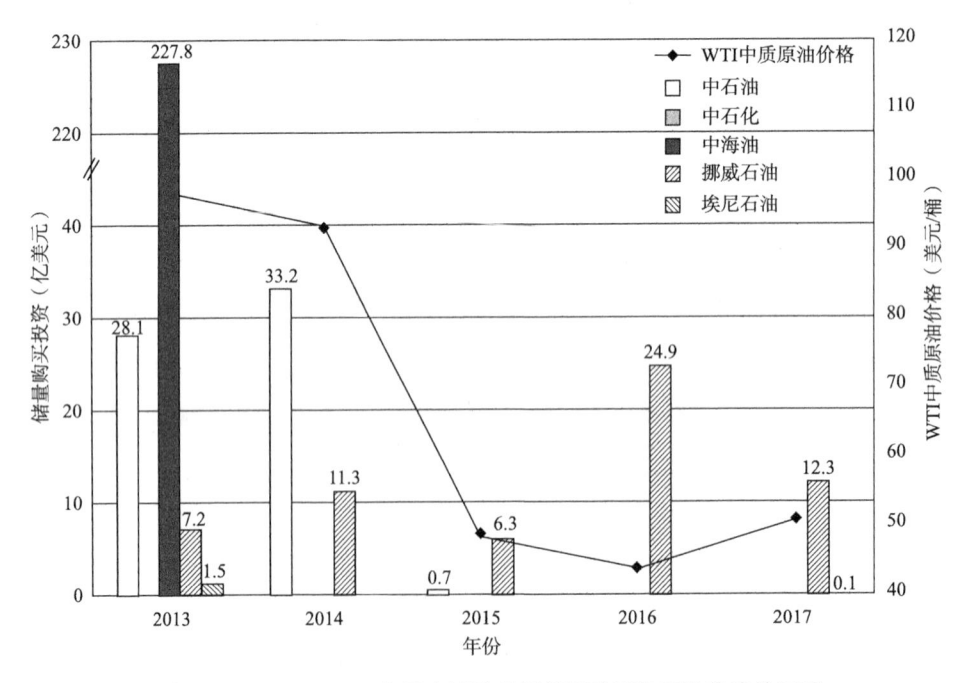

图 2-6　2013—2017 年国家石油公司储量购买与原油价格关系图

油价暴跌时，国家石油公司的储量购买投资额也迅速降低，除挪威石油外，其他各公司直到 2017 年储量购买投资仍在下降，储量购买投资几乎为零。中海油储量购买投资下降最为明显，其储量购买投资在 2013 年达到 227.82 亿美元，2014 年之后未再进行储量投资。中石油则在油价暴跌的 2014 年仍然增加了储量购买投资，在 2015 年降至 0.73 亿美元。

挪威石油变化趋势与其他几家有所不同，其在油价暴跌初期储量购买投资变化不大，但在油价触底的 2016 年储量购买投资达到 24.86 亿美元，高于之前 3 年储量购买投资总和，主要是因为以 25 亿美元的价格从巴西国家石油公司获得了 Santos 盆地 Carcará 油田 66% 的股权。

可以看到，高油价情景下，尤其是油价开始持续上涨的阶段，石油公司会倾向于购买储量资产，而在低油价情景下，尤其是在油气开始持续下降的阶段，则会倾向于减少购买或者出售非核心储量资产。但是和公司中长期战略相关的储量结构调整型兼并购则不受油价影响，比如 2010 年高油价时期，埃克森美孚收购了 XTO 能源公司；2016—2017 年低油价时期，壳牌收购了 BG，埃克森美孚收购了二叠纪盆地的资源。这些规模巨大的收购，通常和油价的关系并不大，而是与公司的战略转向和储量结构调整有着紧密的联系：埃克森美孚收购 XTO 和二叠纪盆地油气储量，是为了强化在北美非常规领域的优势，而壳牌收购 BG，是为了公司的天然气战略。

因此，兼并购应该是服务于公司战略的手段，油价起伏会影响油公司兼并购投资，但不是决定因素。

第三章

重点石油公司勘探策略

本章将5家国际石油公司：埃克森美孚、bp、雪佛龙、道达尔和壳牌作为研究对象，分析其2013年以来的勘探策略，研究国际石油公司勘探业务重点方向和布局。

第一节 埃克森美孚

一、储量增长特点

埃克森美孚勘探技术能力强,一直十分重视自主勘探,尤其是近年在圭亚那深水的新发现,极大补充了公司的储量基础。2013—2019 年,埃克森美孚累计新增证实油气储量 85.30 亿桶当量,其中滚动扩边及新发现占 86%,购买占 19%,主要是 2017 年通过购买二叠纪盆地非常规资源获得了新增储量 940 百万桶油当量,其他年份购买储量占比相对较小(表 3-1)。

表 3-1 埃克森美孚 2013—2019 年累计新增证实储量构成

类型	石油 (百万桶)	天然气 (十亿立方英尺)	天然气 (百万桶油当量)	合计 (百万桶油当量)
修正	1690	−12781	−2130	−440
滚动扩边及新发现	5119	12966	2161	7280
提高采收率	46	1	0	46
购买	1078	3236	539	1617
合计	7933	3422	570	8503

数据来源:埃克森美孚公司年报。

二、自主勘探策略及重点

1. 勘探面积

2019 年,埃克森美孚已开发勘探面积占比最大的 3 个核心区域为:美国(54%)、欧洲(16%)、美洲其他(除美国,14%),三者占总勘探面积 80% 左右。

持续低油价下,埃克森美孚压缩已开发勘探净面积,从 2013 年的 1794.5 万平方英亩降至 2019 年的 1548.2 万平方英亩,各地区勘探面积相对占比变化不大,美国勘探面积由 2013 年的 1030.2 万平方英亩降至 2019 年的

830.4万平方英亩,但相对占比由57.4%变为53.6%。大洋洲勘探面积略有提高,从2013年的75.8万平方英亩增加到2019年的106.8万平方英亩,占比由4.2%提高到6.9%(图3-1)。

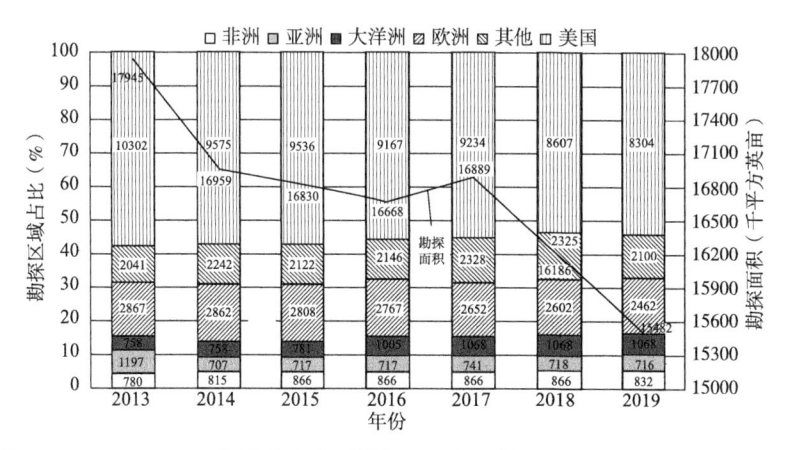

图3-1 2013—2019年埃克森美孚勘探总面积、勘探区域及各区勘探面积占比

未开发勘探净面积方面,至2019年底,占比最大的3个区域分别是非洲(45%)、美洲(除美国外,25%)、大洋洲(11%)。在2013—2019年间,埃克森美孚做了大量调整,从2014年的11657.9万平方英亩降至2019年的7176.4万平方英亩。调整最大区域为亚洲,从2017年的6631.3万平方英亩降至2019年的291.1万平方英亩;在美国的未开发面积也有所下降,从2014年的501.2万平方英亩降至2019年的314.6万平方英亩(图3-2)。

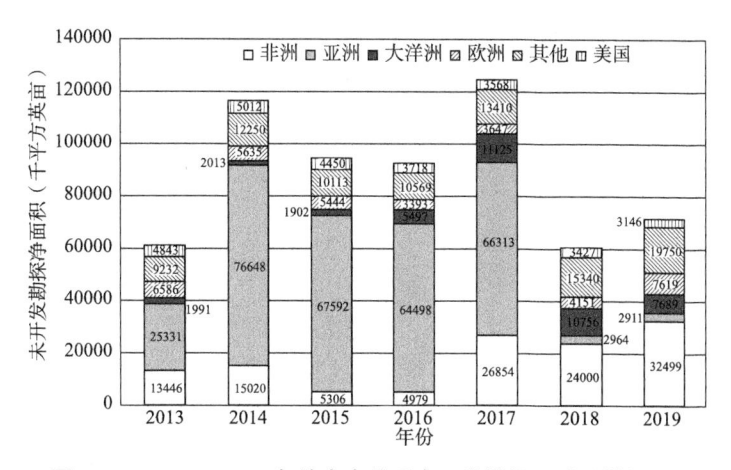

图3-2 2013—2019年埃克森美孚未开发勘探区域及勘探面积

在非洲、澳大利亚和其他地区未开发勘探净面积有所增加,在非洲的未开发勘探净面积从 2013 年的 1344.6 万平方英亩增加到 2019 年的 3244.9 万平方英亩,在澳大利亚的则由 2014 年的 201.3 万平方英亩增加到 2019 年的 768.9 万平方英亩。

2. 探井工作量

2013—2019 年,埃克森美孚勘探井净完井工作量变化较大,2013 年为 24 口,最低 2016 年下降至 7 口,之后虽然缓慢回升,至 2019 年为 14 口,依然没有恢复到 2013 年的水平(表 3-2)。

表 3-2 埃克森美孚 2013—2019 年探井净完井数　　　单位:口

年份	美国	美洲其他	欧洲	非洲	亚洲	大洋洲	合计
2013	11	8	2	2	1	0	24
2014	7	4	4	3	0	0	18
2015	2	1	5	1	2	1	12
2016	0	3	2	2	0	0	7
2017	0	5	0	3	1	0	9
2018	4	4	1	1	0	3	13
2019	3	7	2	0	0	2	14
合计	27	32	16	12	4	6	97

从区域分布看,探井完井集中在美洲除美国外的其他区域,占据总探井数的 1/3;其次是美国和欧洲(图 3-3)。

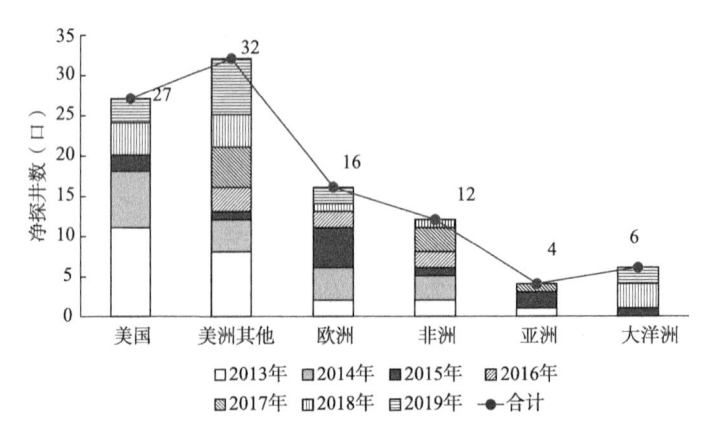

图 3-3 2013—2019 年埃克森美孚各区完成净探井数

在时间变化方面，2013—2014 年，探井净完井数主要位于美国、美洲其他区域和欧洲，但此后 2 年美国完井数为 0，新增探井集中在南美洲、欧洲和非洲。

3. 探井成功率

2013—2019 年，埃克森美孚在全球累计完钻探井 97 口，其中干井 34 口，探井成功率 64.9%。

从探井成功的分布区域来看，埃克森美孚在南美洲保持了 78.1% 的探井成功率，其次是亚洲 75%，非洲 66.7%。公司在美国、欧洲和大洋洲的探井成功率均在 50%~60%（图 3-4）。

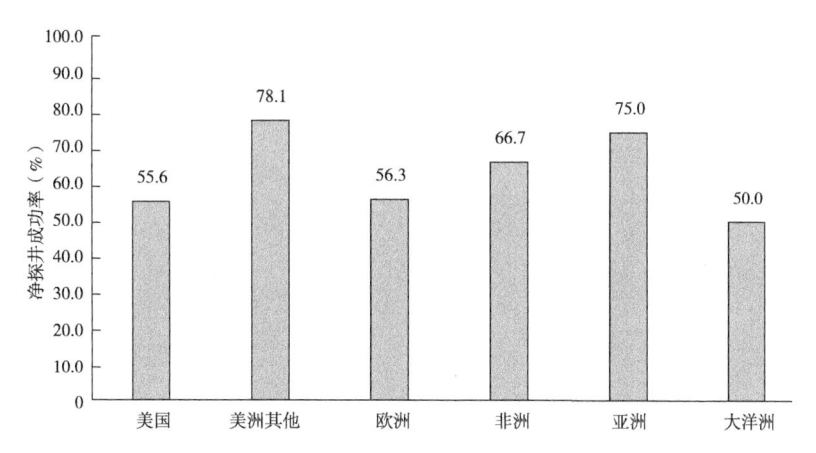

图 3-4　2013—2019 年埃克森美孚各区完成净探井成功率

4. 勘探重点布局及特点

从勘探面积和探井工作量看，埃克森美孚经过低油价调整，勘探业务重点布局为北美非常规、墨西哥湾、南美洲（美洲其他）、圭亚那海域、巴西盐下深水。

埃克森美孚的勘探业务集中在非常规和深水两个重点领域。其中，非常规布局美国本土。埃克森美孚投资重点区域为美国本土非常规能源，近年持续增加了在北美非常规领域的投入，重点投入区块包括二叠纪盆地、Delaware 内的特拉华州凹陷和 Wolfcamp 页岩、米德兰凹陷。

深水领域勘探布局重点区域为圭亚那海域及巴西盐下深水。埃克森美孚将圭亚那海域确定为其未来上游"五大重大开发项目"之一，视为公司油气增储上产的核心领域。仅2018年，埃克森美孚在圭亚那海域就获得5个重大发现；2019年一季度有2个重大发现。埃克森美孚在圭亚那海域Stabroek区块至少已经获得12个油气发现，新增油气可采资源55亿桶油当量，且未来仍有巨大发现潜力。巴西盐下油气资源体量巨大，埃克森美孚将其看作深水领域的第二大战场。当前埃克森美孚全力推进圭亚那海域油气产能建设，在巴西盐下则主要是夯实资源基础，扩大油气储备。

地理位置的多元化布局。在地理位置方面，多元化布局有利于公司均衡发展和提升勘探效益。埃克森美孚目前在世界主要油气产地几乎都有权益区块或者勘探开发项目。

第二节　bp

一、储量增长特点

bp擅长通过兼并购调整公司资产结构，2013—2019年，累计新增证实油气储量177.5亿桶油当量，其中通过购买获得证实储量91.01亿桶，占新增储量的51%，极大补充并调整了公司的储量基础；滚动扩边及新发现占22%，储量修正占17%，提高采收率占9%（表3-3）。

表3-3　bp 2013—2019年累计新增证实储量构成

类型	石油 （百万桶）	天然气 （十亿立方英尺）	天然气 （百万桶当量）	合计 （百万桶油当量）
修正	2726	1935	334	3060
滚动扩边及新发现	2160	10101	1742	3902
提高采收率	711	5616	968	1679

续表

类型	石油 （百万桶）	天然气 （十亿立方英尺）	天然气 （百万桶油当量）	合计 （百万桶油当量）
购买	6254	16558	2855	9109
合计	11851	34210	5898	17749

数据来源：bp 年报。

2013 年和 2018 年，bp 实施了两次大规模的储量购买。2013 年，bp 以俄罗斯秋明公司 50% 股份置换了俄罗斯石油公司（以下简称"俄油"）166.5 亿美元现金和 12.84% 的股份，并另出资 48.7 亿美元购买俄油 5.66% 的股份，持股比例达到 19% 以上，成为俄油第二大股东，储量也随之增加。2018 年，bp 大幅增加在美洲地区投资，以 105 亿美元收购必和必拓在美国的非常规资产，获得了在二叠纪盆地、鹰滩和海恩斯维尔页岩在内的 48 项权益；实行北海核心化战略，收购英国北海克莱尔资产；收购俄油子公司 49% 股权和美国一些离岸资产的权益。2018 年证实储量收购成本显著增加，较 2017 年增幅 374%，其中美国占比最大达 72.2%（图 3-5），购买储量占比大增。

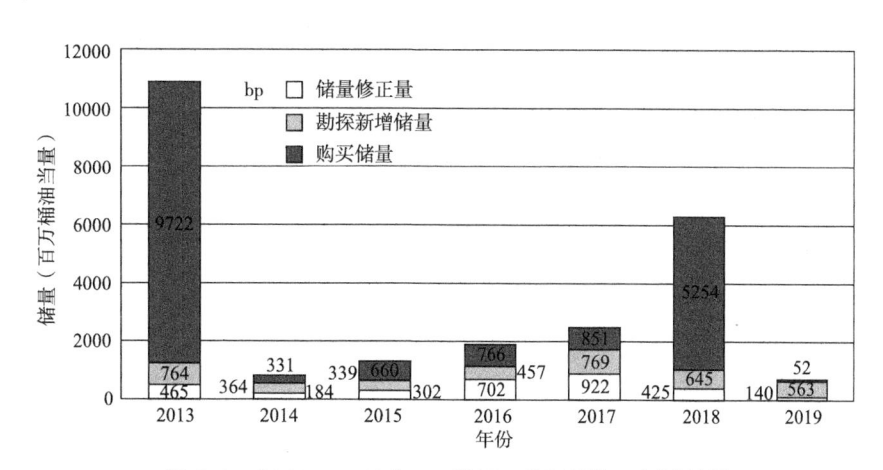

图 3-5 2013—2019 年 bp 勘探、购买及修正新增储量

bp 对油价反应非常灵敏，2013—2015 年，bp 储量购买活动减少，自主勘探投入占比增加。2016 年以后随着油价回暖，bp 储量收购、并购支出增加。2016 年，bp 通过与中石油合作开发四川盆地的页岩气、成立 Aker bp 公司、

获得 ADCO 约 24 亿美元的特许权、以 9.16 亿美元收购 Greater Tortue FLNG 开发项目等大幅增加购买储量投资，使得购买储量占比增高。2019 年，bp 在全球范围投资明显减少，出售了在阿拉斯加的全部上游、中游业务，导致当年购买储量在新增储量中的占比快速降低。

二、自主勘探策略及重点

1. 勘探面积

2013—2019 年，bp 已开发勘探面积增长幅度达到 13%，由 2013 年的 542.5 万平方英亩上升至 2019 年的 614.6 万平方英亩。2019 年底，已开发勘探面积最大的两个区域分别是美国（60%）和俄罗斯（22%）（图 3-6）。

bp 已开发勘探面积分布具有如下特征：一是高度集中化，美国和俄罗斯占据总已开发勘探净面积的 80% 以上；二是在俄罗斯的勘探面积近年来快速增加，表明俄罗斯在 bp 的战略地位越来越重要；三是非洲和除俄罗斯之外的亚洲地区勘探面积变化不大，南美洲勘探面积略有降低。

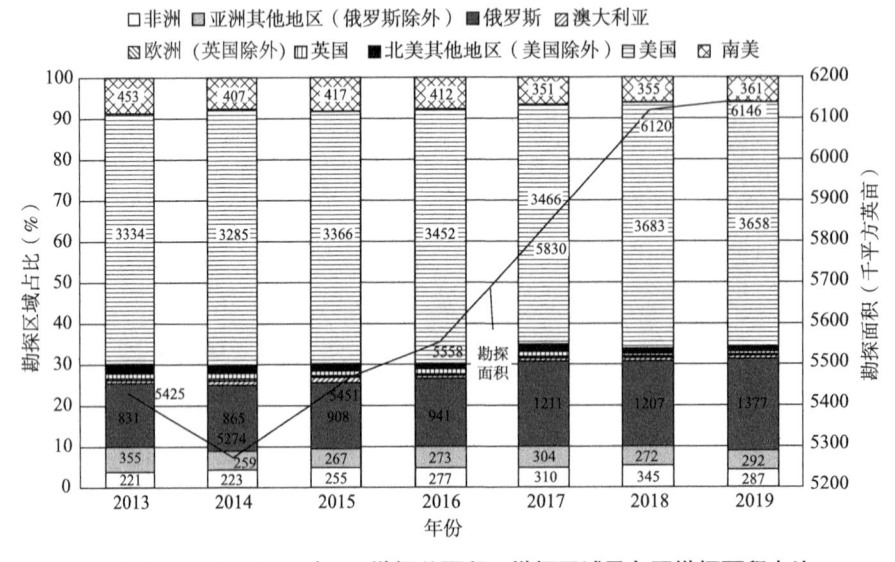

图 3-6　2013—2019 年 bp 勘探总面积、勘探区域及各区勘探面积占比

bp 的未开发勘探净面积保持增长，由 2013 年的 11218 万平方英亩增加到 2019 年的 14442.5 万平方英亩，最主要的两个区域是俄罗斯（59%）和非

洲（23%），澳大利亚有明显降低，从 2013 年的 1125.4 万平方英亩大幅降至 2019 年的 188.9 万平方英亩（图 3-7）。

图 3-7　2013—2019 年 bp 未开发勘探区域及未开发勘探净面积

2. 探井工作量

bp 勘探井净完井工作量基本稳定，除了 2016 年为 16.7 口外，其余年份基本在 28~32 口范围内小幅波动（表 3-4），从区域分布看有以下特点：

表 3-4　bp 2013—2019 年探井净完井数　　　　　　　　　　单位：口

年份	英国	欧洲其他	美国	北美其他	南美	非洲	俄罗斯	亚洲其他	澳洲	合计
2013	1	0	13.8	0	5.9	2.1	4	4.4	0.5	31.7
2014	3.4	0	13.2	0	5.1	2.3	5.3	2	0.2	31.5
2015	0	0	4	0	1.5	3.6	4.5	0	0.2	13.8
2016	1.3	0.7	5.2	0	0.6	3.6	3.4	1.9	0	16.7
2017	5.2	0.1	1.5	1.2	3.2	5.5	9.4	2.4	0	28.5
2018	0.3	0	1.7	0.5	4	2.4	15	5	0	28.9
2019	1	0.5	2.4	1.3	4.6	2.6	12.1	5.6	0.2	30.3
合计	12.2	1.3	41.8	3	24.9	22.1	53.7	21.3	1.1	181.4

一是俄罗斯仍然是重点，除个别年份外，俄罗斯探井数整体增加，这与 bp 重点拓展俄罗斯业务有关；二是美国探井工作量居于第二位，主要集中在

石油公司上游业务发展策略研究

2013—2016年，2017年之后bp以收购成熟资产为主，自主勘探工作量大幅减少；三是除了上述两个区域外，最近几年重点增加了亚洲其他区域和南美洲的探井工作量（图3-8）。

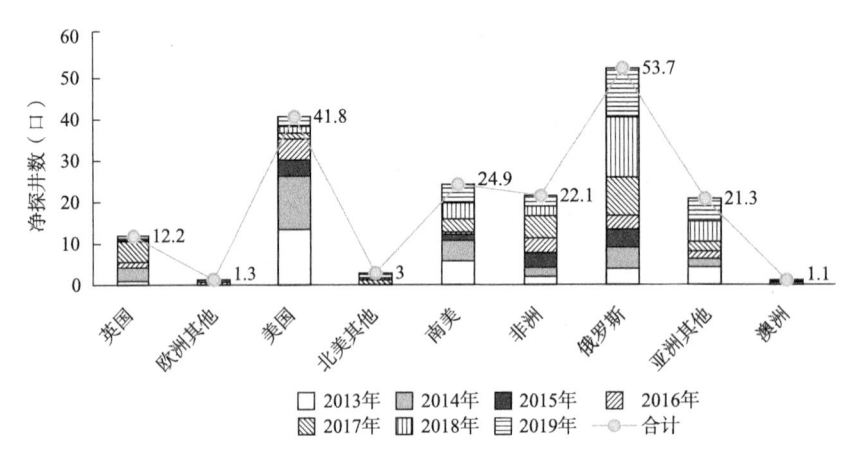

图3-8　2013—2019年bp各地区完成净探井数

3. 探井成功率

2013—2019年，按照净完钻探井计算，bp在全球累计完钻探井181.4口，其中干井44口，探井成功率75.7%。从区域分布看，俄罗斯勘探成功率最高，几乎为100%。其次是南美、亚洲其他地区、英国以及美国，探井成功率在60%~80%，非洲和欧洲其他地区探井成功率在53%左右，大洋洲探井完全失利（图3-9）。

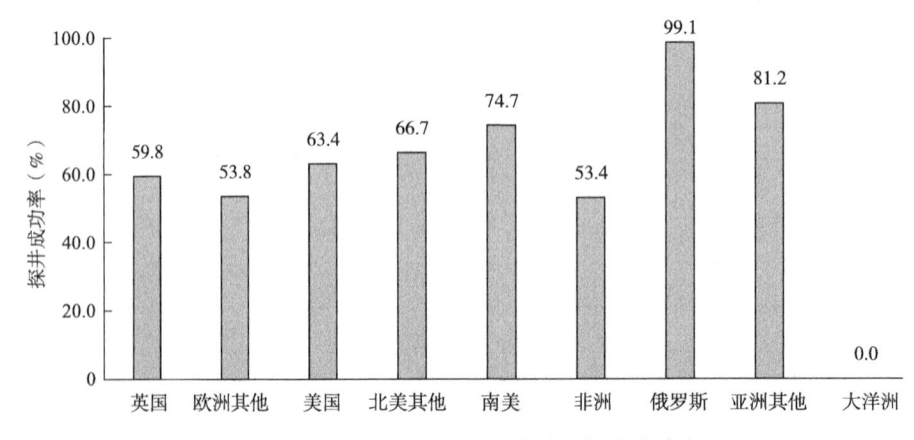

图3-9　2013—2019年bp各地区探井成功率

4.勘探重点布局及特点

从勘探面积、探井工作量看，bp 经过兼并购等方式进行了储量资产结构调整，目前勘探业务重点布局为美国非常规、俄罗斯、非洲。以北美页岩油气和俄罗斯作为增长潜力区，增加在北美的已开发勘探面积，作为成熟核心区域，增加在俄罗斯的未开发勘探面积，作为业务发展中的区域。

根据业务发展定位，采取了以深水天然气为重点的勘探增长策略。重点业务布局非洲、欧洲和拉丁美洲，其中非洲地区重点为埃及海上、安哥拉深海盐下、毛里塔尼亚/塞内加尔的新区域；欧洲地区重点为挪威和英国北海；拉丁美洲重点为阿根廷的陆上常规和页岩资源以及特立尼达和多巴哥海上。

第三节 道达尔

一、储量增长特点

2013—2019 年，道达尔累计新增油气证实储量 86.08 亿桶油当量，其中自主勘探新增证实储量占 54%，购买占 21%，储量修正占 25%（表 3-5）。

表 3-5 道达尔 2013—2019 累计新增证实储量构成

类型	石油（百万桶）	天然气（十亿立方英尺）	天然气（百万桶油当量）	合计（百万桶油当量）
修正	1510	3658	631	2141
滚动扩边及新发现	2101	14935	2575	4676
提高采收率	—	—	—	—
购买	655	6588	1136	1791
合计	4266	25181	4342	8608

数据来源：道达尔公司年报。

2013—2017年,道达尔新增储量以自主勘探滚动扩边及新发现为主,2018年,购买储量占比较高,主要来自收购马士基在挪威和英国的石油储量资产;证实已开发储量增长主要来自阿尔及利亚、安哥拉、澳大利亚和尼日利亚等。2019年,购买储量主要为收购阿纳达科在非洲的资产,其中70%为天然气储量(图3-10)。

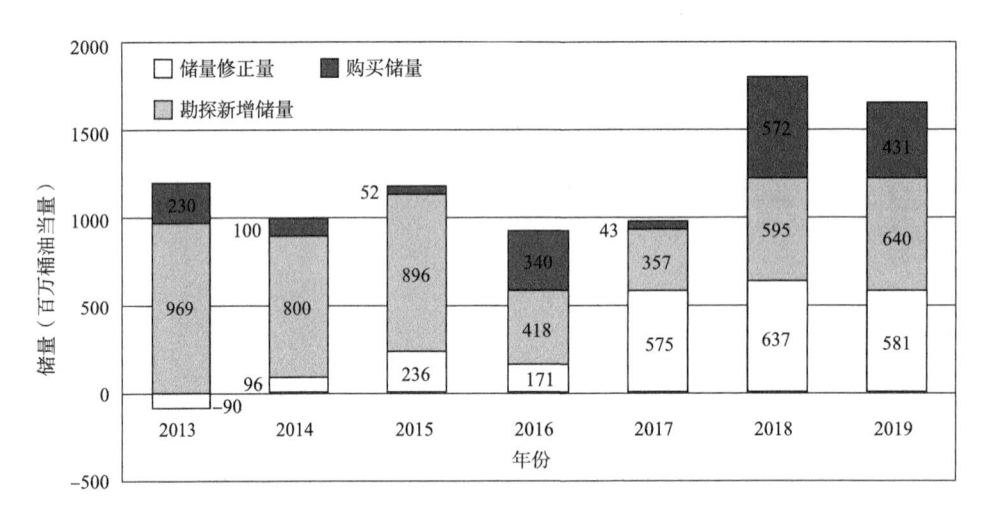

图3-10 2013—2019年道达尔勘探新增、购买及修正储量

二、自主勘探策略及重点

1. 勘探面积

已开发净勘探面积从2013年的129.1万平方英亩增加到2019年的179.7万平方英亩,勘探区域分布较为均匀。2019年底已开发勘探净面积最主要的区域为:中东和北非(28%)、美国(17%)、亚太(13%)、欧洲和中亚(不含俄罗斯,13%)。

2013—2019年的主要变化调整一是大幅增加中东和北非的勘探面积,由2014年的12.9万平方英亩增加到2019年的179.7万平方英亩,占比则由9.3%提高至27.6%;二是适度增加美国勘探面积,自2016年勘探面积增加至46.8万平方英亩后,2017—2019年保持小幅增减,至2019年为47.7万平方英亩。三是在俄罗斯、非洲和亚太地区勘探面积和占比明显降低。在俄罗斯的勘探面积由 2014 年的 35 万平方英亩降至 2019 年的 14.6 万平方英亩，占比由 25.2% 降至 8.1%（图 3-11）。

未开发勘探净面积在 2014—2015 年两年降低明显，此后趋于稳定，从 2013 年的 13560.3 万平方英亩略降至 2019 年的 10449.4 万平方英亩。2019 年底最主要的区域包括：非洲（不含北非，46%）、亚太（21%）、欧洲和中亚（11%）。

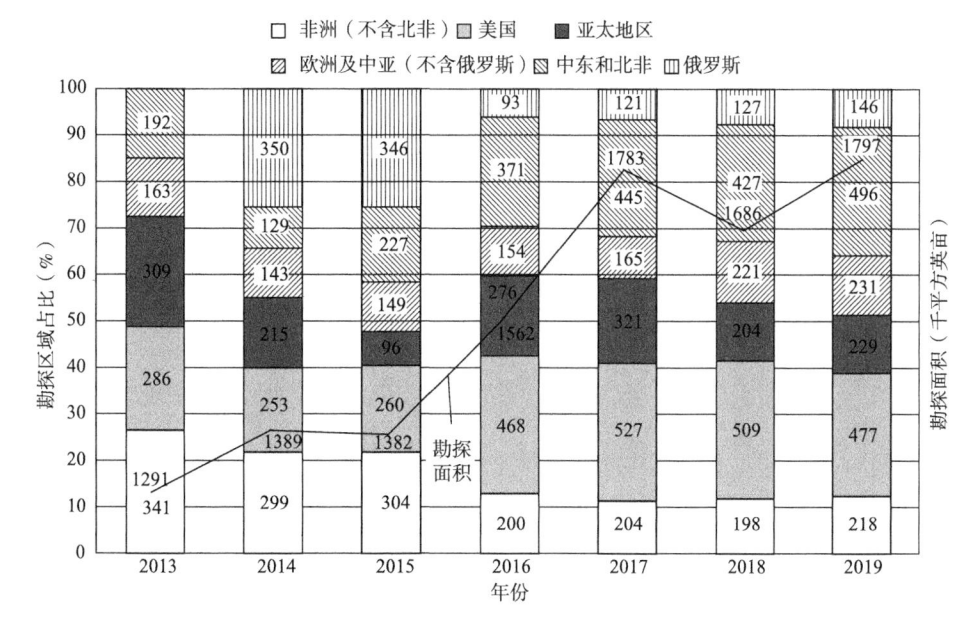

图 3-11　2013—2019 年道达尔勘探总面积、勘探区域及各区勘探面积占比

2013—2019 年道达尔在俄罗斯的未开发勘探净面积下降最为明显，从 2013 年的 7956 万平方英亩降至 2019 年的 428 万平方英亩，在美国的勘探面积则从 2014 年的 2693 万平方英亩降至 2019 年的 851 万平方英亩。道达尔在其他地区的未开发勘探净面积都有所增加，尤其是在非洲和亚洲太平洋地区。非洲的未开发勘探净面积从 2014 年的 1138 万平方英亩增加到 2019 年的 4810 万平方英亩，在亚太的未开发勘探净面积从 2014 年的 133 万平方英亩增加到 2019 年的 2232 万平方英亩，在欧洲和中亚的未开发勘探净面积也从 2014 年的 520 万平方英亩增加到 2019 年的 1163 万平方英亩（图 3-12）。

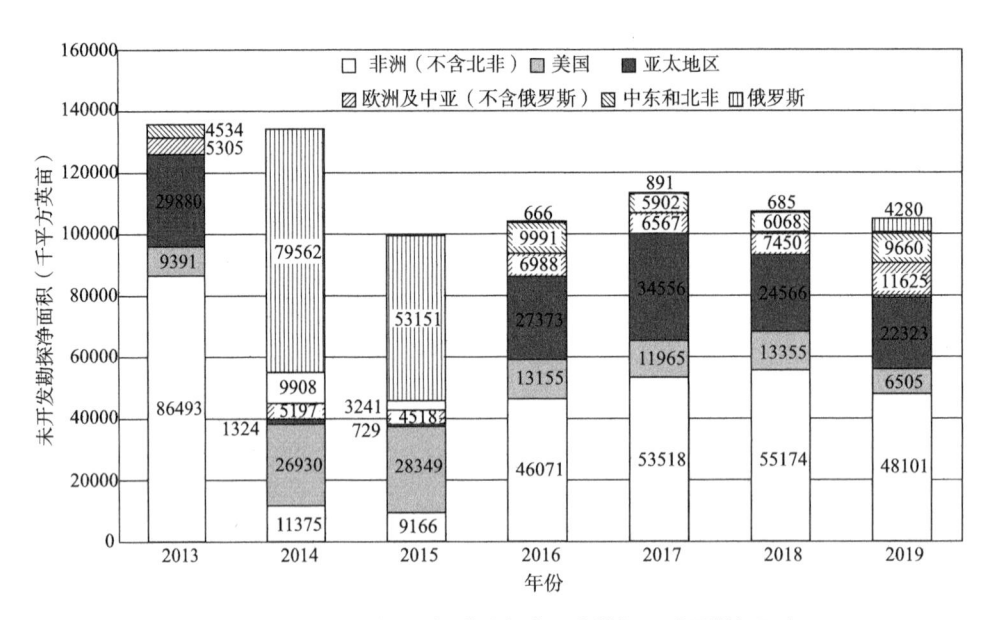

图 3-12　2013—2019 年道达尔未开发勘探区域及勘探面积

2. 探井工作量

2013—2019 年，道达尔累计探井净完井 77.2 口，探井工作量呈逐年下降趋势，由 2013 年的 19.8 口降至 2019 年的 9.6 口，尤其是 2018 年由于有较大的并购活动，影响了勘探支出，探井仅 6.2 口（表 3-6）。

表 3-6　道达尔 2013—2019 年探井净完井数　　　　单位：口

年份	欧洲和中亚	俄罗斯	非洲（不含北非）	中东和北非	美国	亚太	合计
2013	1.7	0	6.6	1.3	4.3	5.9	19.8
2014	1.6	0.3	4	1.9	2.4	2.3	12.5
2015	5.6	0	2.3	0.8	2	2.9	13.6
2016	2.1	0	0.7	0.8	2.9	1.6	8.1
2017	1.9	0	0.7	1.1	1.8	1.9	7.4
2018	1.7	0	1.1	0.5	2.1	0.8	6.2
2019	1.9	0	1.7	2.4	3.6	0	9.6
合计	16.5	0.3	17.1	8.8	19.1	15.4	77.2

由于勘探面积较为分散，道达尔勘探井完井分布区域明显较其他公司更加均衡。2013 年主要分布在美洲、亚太、非洲以及欧洲和中亚，其中美洲比

例相对更大；到 2019 年完井主要分布在美洲、欧洲和中亚、非洲以及中东和北非（图 3-13）。

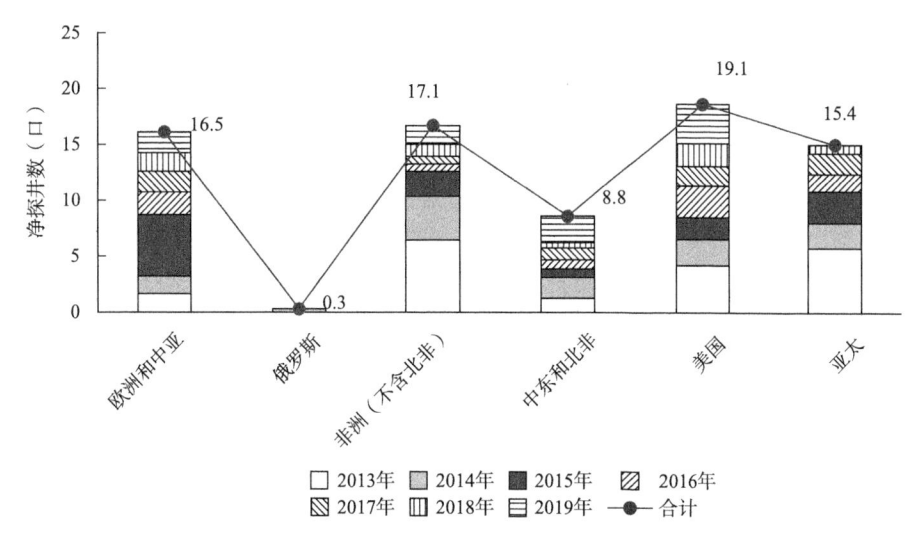

图 3-13　2013—2019 年道达尔各区完成净探井数

3. 探井成功率

探井勘探成功率方面，由于美国主要为已开发勘探区块，所以探井成功率相对较高，为 61.3%；其次是亚太、中东和北非，超过 50%。而随着公司战略调整，俄罗斯的勘探面积被压缩，勘探工作量锐减，仅完钻 1 口探井并且失败。在欧洲和中亚、非洲（不含北非）的探区以新增未开发勘探面积为主，探井成功率也较低（图 3-14）。

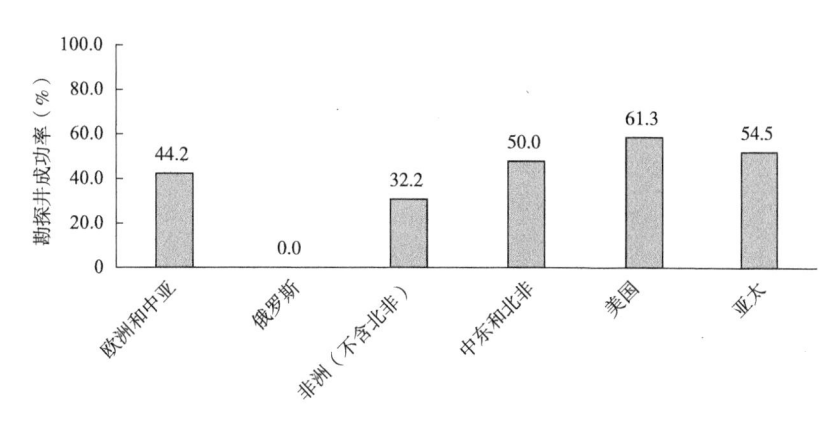

图 3-14　2013—2019 年道达尔各区勘探井成功率

4. 勘探重点布局及特点

道达尔确定的重点勘探区域：墨西哥和美国；西非（毛里塔尼亚、塞内加尔和几内亚）；亚马孙河口（巴西和法属圭亚那）到阿鲁巴，南大西洋边缘；黑海和东地中海（保加利亚、埃及、塞浦路斯、希腊）；阿根廷非常规；缅甸和巴布亚新几内亚的矿区。

道达尔公司资产组合的核心是深水油气资源，深水油气产量主要来自安哥拉、尼日利亚、刚果等西非国家。巴西盐下及墨西哥湾深水业务是道达尔未来重点勘探区域，其中，巴西盐下定位于近中期增长领域，墨西哥湾则着眼于中长期增长。

第四节 雪佛龙

一、储量增长特点

2013—2019年，雪佛龙新增油气证实储量75.42亿桶油当量，其中自主勘探新增证实储量占48%，修正储量占43%，购买储量占比非常小，仅占3%（表3-7，图3-15）。这一时期雪佛龙主要的储量发现集中在墨西哥湾，包括和道达尔合作的墨西哥湾Ballymore区块，资源储量约为5.50亿桶油当量，以及美国墨西哥湾Keathley Canyon区块。

表3-7 雪佛龙2013—2019年累计新增证实储量构成

类型	石油 （百万桶）	天然气 （十亿立方英尺）	天然气 （百万桶油当量）	合计 （百万桶油当量）
修正	1847	8265	1378	3225
滚动扩边及新发现	2323	7962	1327	3650
提高采收率	441	31	5	446

续表

类型	石油 （百万桶）	天然气 （十亿立方英尺）	天然气 （百万桶油当量）	合计 （百万桶油当量）
购买	163	351	59	222
合计	4774	16609	2769	7543

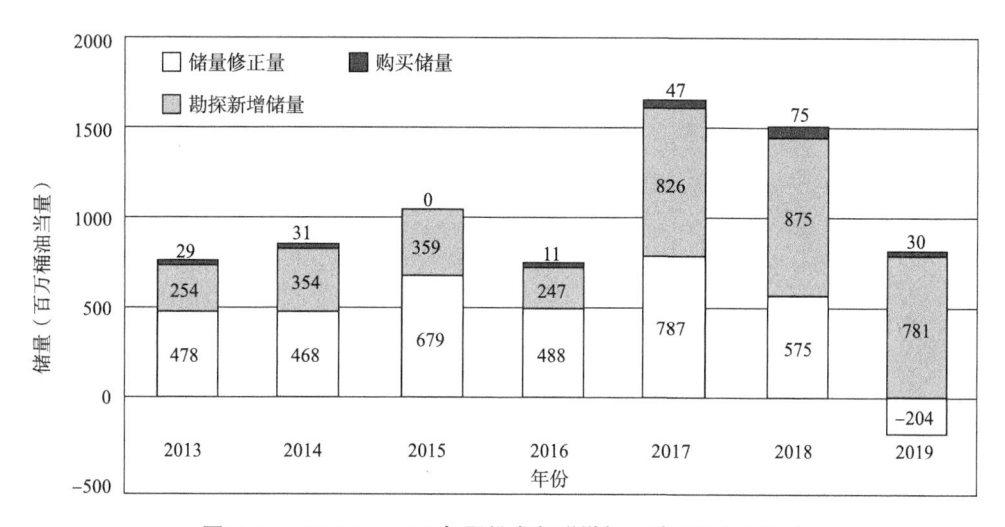

图 3-15　2013—2019 年雪佛龙新增勘探、购买及修正储量

二、自主勘探策略及重点

1. 勘探面积

雪佛龙自 2013 年以来，自有的已开发勘探净面积大幅下降，从 2013 年的 774 万平方英亩下降至 2019 年的 596 万平方英亩，截至 2019 年已开发勘探净面积最大的区域分别为美国（48%）、非洲（16%）、亚洲（16%）。已开发勘探区域呈现以下特征：一是美国勘探投资面积及占比明显下降，从 2013 年的 471 万平方英亩降至 2019 年的 289 万平方英亩，占比也从 60.9% 降至 48%。二是大洋洲和亚洲勘探面积和占比有所提高。雪佛龙在大洋洲的勘探面积由 2013 年 23.6 万平方英亩增加到 81.2 万平方英亩，占比从 3.0% 上升到 13.6%。三是欧洲勘探面积占比较小（图 3-16）。

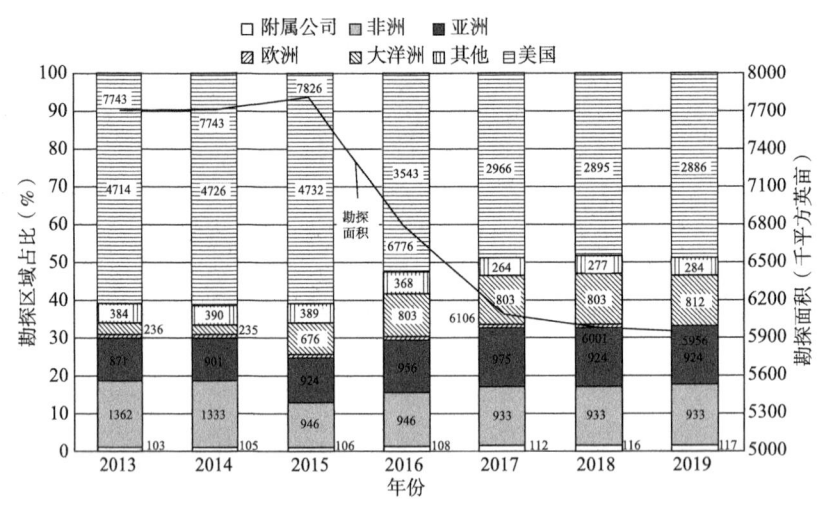

图 3-16　2013—2019 年雪佛龙勘探总面积、勘探区域及各区勘探面积占比

雪佛龙在全球的未开发勘探净面积也同样呈减少趋势，从 2013 年的 6313 万平方英亩降至 2019 年的 2911 万平方英亩。截至 2019 年底，未开发勘探面积区域主要包括：亚洲（27%）、大洋洲（20%）、美国（11%）（图 3-17）。

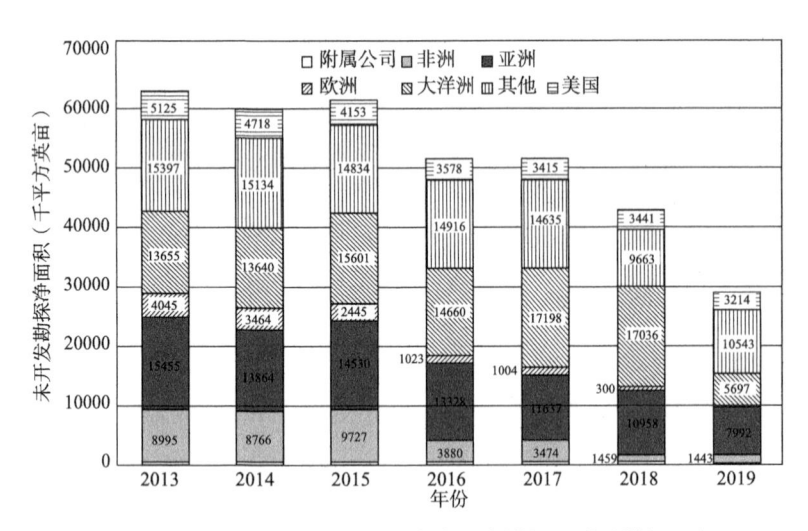

图 3-17　2013—2019 年雪佛龙未开发勘探区域及勘探面积

2. 探井工作量

2013—2019 年，雪佛龙累计探井净完井 207 口，呈逐年下降趋势，由 2013 年的 57 口降至 2019 年的 12 口，尤其是 2017 年仅完钻 9 口，仅为 2013 年的 16%（表 3-8）。

表 3-8 雪佛龙 2013—2019 年探井净完井数　　　　　　　单位：口

年份	美国	美洲其他地区	非洲	亚洲	大洋洲	欧洲	合计
2013	19	14	0	17	3	4	57
2014	32	3	3	9	3	3	53
2015	20	6	3	6	5	3	43
2016	5	4	2	3	0	0	14
2017	8	0	0	0	0	1	9
2018	15	2	0	1	0	1	19
2019	12	0	0	0	0	0	12
合计	111	29	8	36	11	12	207

从区域分布看，雪佛龙的勘探重点集中在美国，尤其是在公司调整勘探策略后，将北美非常规作为未来最大的发展方向，2017年、2018年北美探井完井数占总量比例分别高达90%、80%，2020年更是高达100%。其次是亚洲，2013—2019年完成探井36口，占总量的17.39%。雪佛龙在大洋洲、欧洲以及非洲的完井数最近3年都为0（图3-18）。

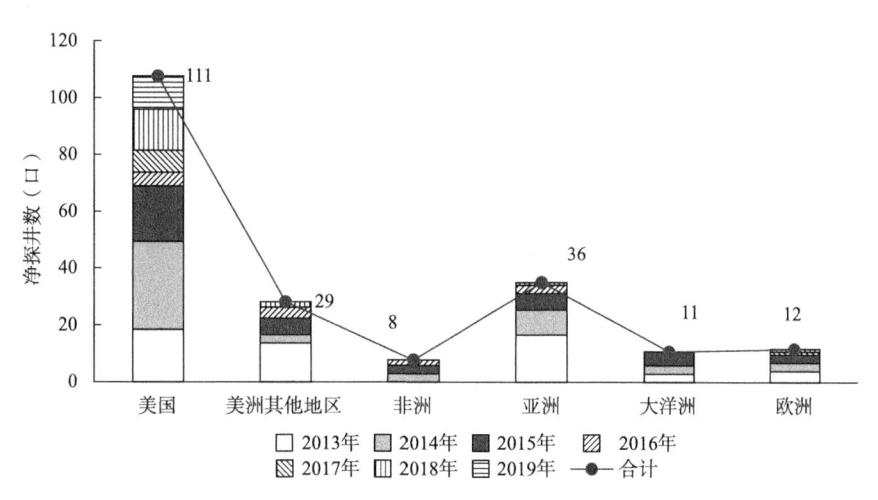

图 3-18 2013—2019 年雪佛龙各区完成净探井数

3. 探井成功率

2013—2019年，按照净完钻探井计算，雪佛龙在全球累计完钻探井207口，其中干井46口，探井成功率77.8%，是五大国际石油公司中成功率最高的。

从区域分布看，美洲其他地区探井成功率达到86.2%，亚洲达到80.6%，美国也达到了78.4%。其余各区域探井成功率在65%左右（图3-19）。

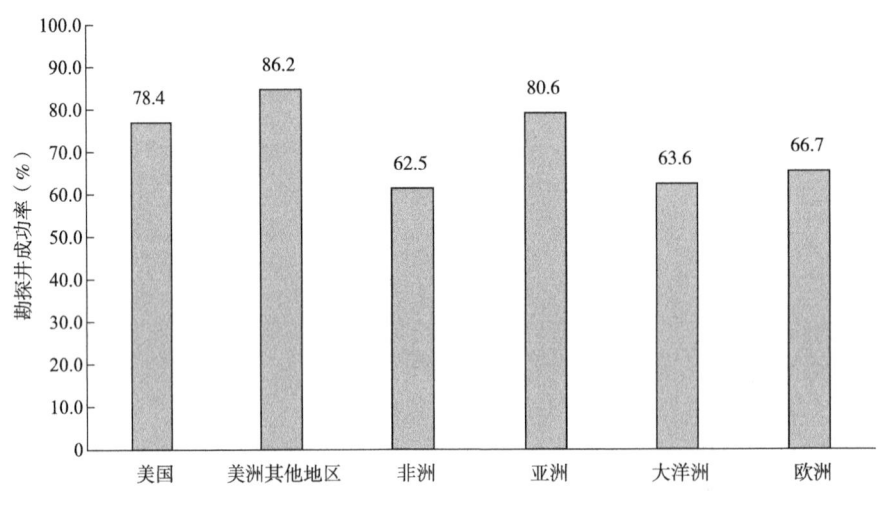

图3-19　2013—2019年雪佛龙各区勘探井成功率

4. 勘探重点布局及特点

在2013—2016年的油价持续下跌期，雪佛龙坚持削减上游投资及勘探支出费用。2016年油价小幅回升后，雪佛龙上游投资上升空间有限，在削减勘探支出的同时，将资本支出转向周期更短、回报率高的非常规油气投资。2013—2019年，雪佛龙勘探支出虽略有波动，但总体勘探支出占总资本支出的比例在50%以上，支出额较为稳定，但在美国的勘探支出占比逐年快速上升，由27%增至67%。

雪佛龙在2018年宣布全面退出欧洲市场，勘探支出保持不变，将主要用于投资美国的二叠纪盆地勘探开发，并对美洲其他地区未来具有发展潜力的早期项目进行投资。2019年，雪佛龙严格执行短周期投资策略，聚焦能尽快产生净现金流的项目，提出到2022年前，每年将斥资90亿~100亿美元用于两年内能产生现金流的短期项目。预计未来10年，雪佛龙全球产量的首要来源是美国，非常规成为推动美国产量增长的主要资源（图3-20）。雪佛龙对二叠纪盆地非常规油气资源采取精细开发政策，计划利用其近年来获得的技术和地质认识，将二叠纪盆地作为主要增长动力。

雪佛龙将投资及勘探方向聚焦美洲地区后，亚洲维持在10%以上，非洲已由2014年的29.8%逐渐下降至2019年的2%以下。

勘探重点布局北美地区非常规项目。

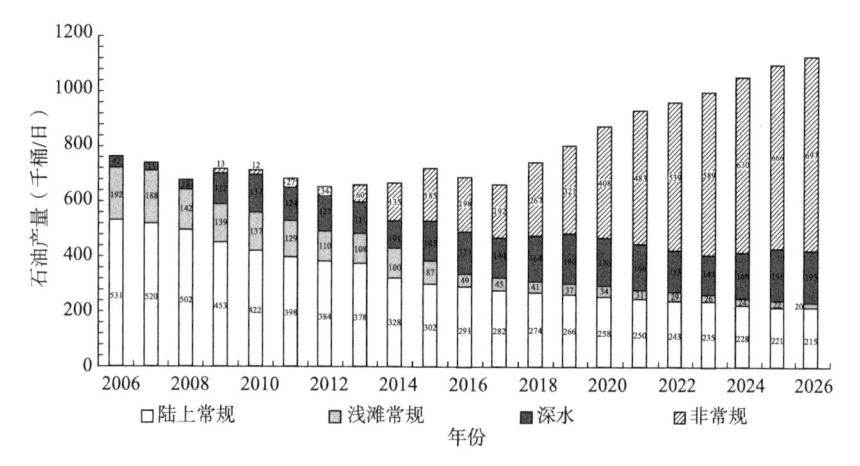

图3-20 2006—2026年雪佛龙美国历年石油产量及预测产量
数据来源：各石油公司年报

此外，深水天然气项目是雪佛龙另一个勘探投资的重点领域。雪佛龙重点投资的Gorgon和Wheatstone的LNG项目总资本支出达到了880亿美元，超过初始预算200亿美元。

第五节　壳　牌

一、储量增长特点

2013—2019年，壳牌新增油气证实储量94.61亿桶油当量，其中自主勘探新增证实储量占26%，购买占35%，储量修正占33%，提高采收率占5%（表3-9）。除2016年和2017年，壳牌的购买储量整体明显低于勘探新增储量，可见壳牌十分重视自主勘探。

2016年壳牌支付443.13亿美元并购BG，获得天然气储量7537亿立方英尺，原油12亿桶，极大增强了公司储量基础，并调整了公司储量结构，加大了天然气在公司储量结构中的比重（图3-21）。

表3-9 壳牌2013—2019年累计新增证实储量构成

类型	石油（百万桶）	天然气（十亿立方英尺）	天然气（百万桶油当量）	合计（百万桶油当量）
修正	1952	6740	1162	3114
滚动扩边及新发现	1594	5223	901	2495
提高采收率	344	890	153	497
购买	1931	8260	1424	3355
合计	5821	21113	3640	9461

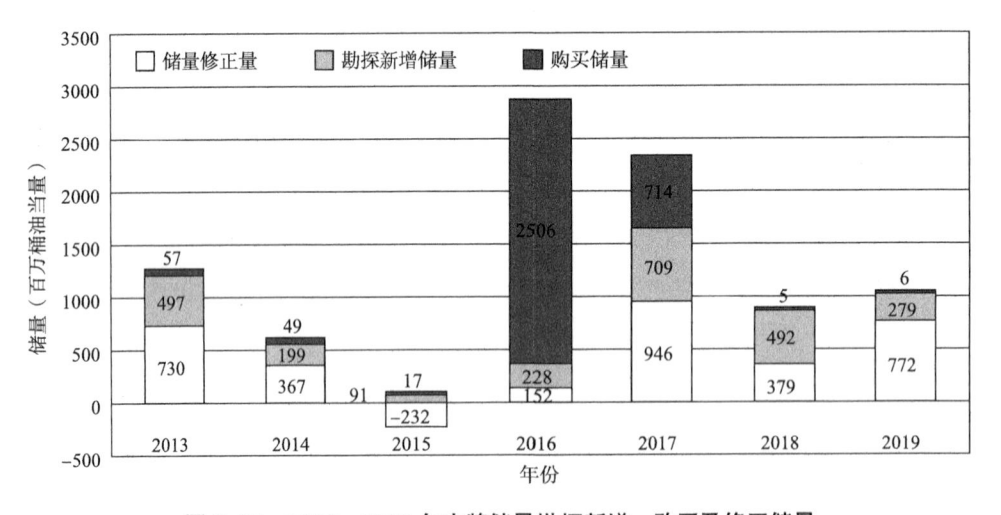

图3-21 2013—2019年壳牌储量勘探新增、购买及修正储量

二、自主勘探策略及重点

1. 勘探面积

壳牌已开发勘探净面积从2013年的1682万平方英亩降至2019年的1454万平方英亩，2019年已开发勘探面积主要分布在亚洲（53%）、欧洲（13%）和非洲（13%）（图3-22）。2013年至2019年期间，已开发勘探净面积增加幅度最大的是大洋洲，由2013年的47万平方英亩增加到2019年

的 122 万平方英亩，占比从 2.8% 增加到 8.4%。壳牌在亚洲的已开发勘探净面积由 2013 年的 928 万平方英亩降至 2019 年的 767 万平方英亩，占比从 55.1% 降至 52.8%，仍然是壳牌最重要的勘探开发区域。另外，在南美洲和大洋洲的已开发勘探净面积和占比均增加明显，其中，大洋洲的已开发勘探净面积从 2013 年的 46.6 万英亩增加到了 2019 年的 121.5 万英亩，几乎是原来的 3 倍。而非洲的已开发勘探净面积占比变化不大（图 3-22）。

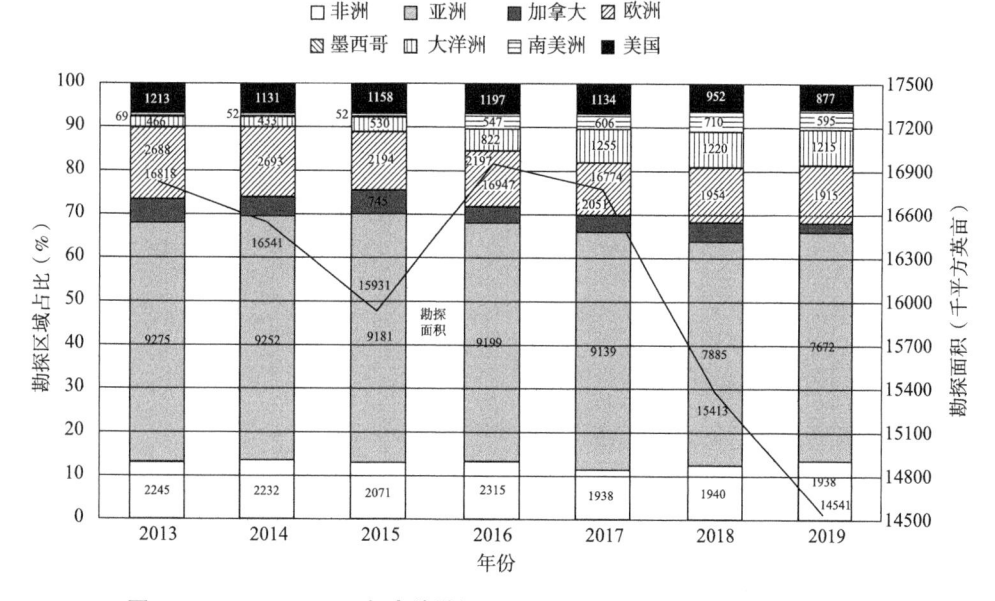

图 3-22　2013—2019 年壳牌勘探总面积、勘探区域及各区勘探面积占比

未开发勘探净面积整体逐渐降低，从 2013 年的 13088 万平方英亩降至 2019 年的 7347 万平方英亩，2019 年底占比最大的区域为非洲（43%）、亚洲（19%）、南美洲（13%）。壳牌在加拿大、大洋洲、亚洲、欧洲以及美国的未开发勘探净面积整体降低。其中在加拿大的未开发勘探净面积从 2013 年的 2868 万平方英亩降至 2019 年的 127 万平方英亩，在大洋洲的未开发勘探净面积则从 2013 年的 2981 万平方英亩降至 2019 年的 626 万平方英亩。在非洲的未开发勘探净面积波动也十分明显，2019 年有大幅增加；在南美的未开发勘探净面积先降后升，其中在墨西哥的未开发勘探净面积最近两年有明显增加（图 3-23）。

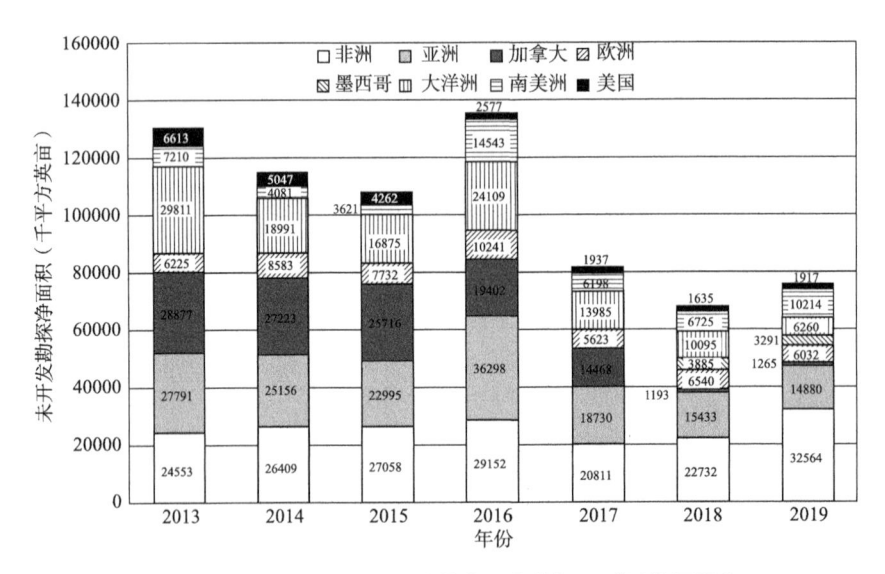

图 3-23 2013—2019 年壳牌未开发勘探区域及勘探面积

2. 探井工作量

2013—2019 年，壳牌累计探井净完井 1126 口，平均每年 160.85 口，在五大国际石油公司中居于首位。2016 年油价最低时，探井数量下降至 54 口，后期逐渐恢复，至 2019 年已增长至 195 口（表 3-10）。

表 3-10 壳牌 2013—2019 年探井净完井数　　　　　　　　　单位：口

年份	欧洲	亚洲	大洋洲	非洲	美国	加拿大	南美洲	合计
2013	4	11	1	9	206	19	5	255
2014	3	12	1	8	142	41	1	208
2015	3	11	3	5	43	78	1	144
2016	0	6	0	6	42	0	0	54
2017	1	23	2	5	15	35	6	87
2018	3	33	0	12	108	14	13	183
2019	4	42	2	16	98	24	9	195
合计	18	138	9	61	654	211	35	1126

从区域分布看，壳牌的探井重点部署在北美地区，2013—2019 年美国、加拿大勘探井完井数分别达到 654 口、211 口，占所有探井完井数的 58%、19%。其次是亚洲，完成探井 138 口，占总量的 12%（图 3-24）。

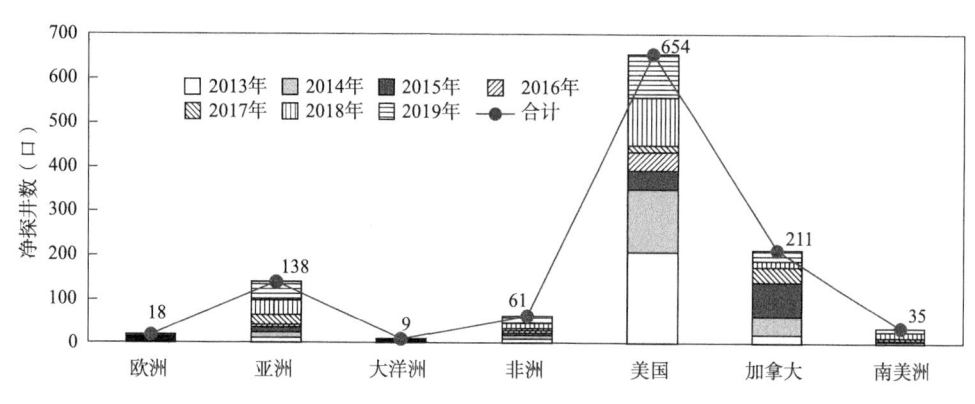

图 3-24　2013—2019 年壳牌各区完成净探井数

3. 探井成功率

2013—2019 年，壳牌在全球累计净完钻探井 1126 口，其中干井 294 口，探井成功率 73.9%。从区域分布看，壳牌在加拿大的探井成功率达到 93.4%，美国达到 76.9%，最差的区域是大洋洲和欧洲，均只有 22.2%（图 3-25）。

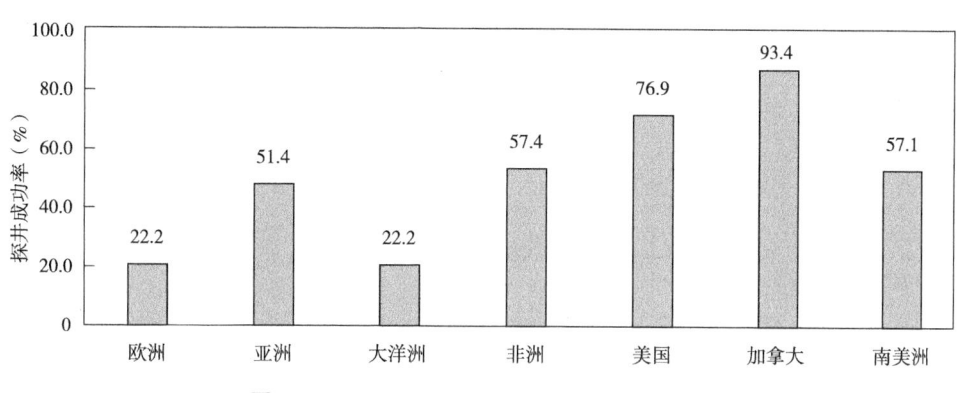

图 3-25　2013—2019 年壳牌各区探井成功率

4. 勘探重点布局及特点

从勘探地区来看，壳牌的勘探区块主要在亚洲，但 2013—2019 年，壳牌的勘探投资高度集中在美洲：2015 年美国占 54.5%，2016 年南美占 62.2%，2017 年加拿大占 49.6%，2018 年美国占 34%，2019 年在美国勘探支出占比 48%。在美洲以外勘探支出占比近年略有增加，但总体占比较低。

壳牌的勘探领域集中在深水和天然气。非常规油气产量在壳牌新增产量中也占有一定比例，但深水是其新增产量的最大来源，约占 44%。2016 年收购 BG 之后，天然气储量在壳牌储量结构中的比例接近 50%。壳牌计划逐步提高天然气占比，计划到 2030 年，天然气产量占油气产量 55%。

第六节　国际石油公司的勘探策略

一、勘探关注重点

2013 年以来，五大国际石油公司勘探净面积和探井完井数量均出现下降，2019 年已开发勘探面积下降 11%，未开发勘探面积下降 15%（表 3-11）。说明各石油公司为了降低勘探风险，将关注重点从新区转向成熟探区。

表 3-11　五大国际石油公司勘探面积变化趋势

年份		2013	2014	2015	2016	2017	2018	2019	降幅（%）
勘探面积（千平方英亩）	已开发	49222	47906	47420	47511	47382	45406	43922	11
	未开发	503222	558960	489980	508246	508494	426920	426264	15
探井完井数（口）		387.5	323	226.4	99.8	140.9	250.1	260.9	33

二、勘探投资焦点区域

从国际石油公司勘探面积变化和探井分布来看，bp 和道达尔的勘探面积整体增长；而埃克森美孚、雪佛龙和壳牌的勘探面积明显降低并且相对更加分散。各公司在各区勘探面积变化也不尽相同：bp 增加对俄罗斯的勘探面积，减少在美国和南美的勘探面积；道达尔增加在美国以及中东和北非的勘探面积，而减少在非洲和俄罗斯的勘探面积；雪佛龙增加在亚洲、大洋洲的勘探面积而减少在美国的勘探面积；埃克森美孚增加在大洋洲和非洲勘探面积占比而减少美国勘探面积占比；壳牌则增加了在南美洲和大洋洲的勘探面积占比，减少了在美国和欧洲的勘探面积占比。

各公司勘探井净完井数在2013—2019年变化趋势也有所不同：bp、埃克森美孚和壳牌净完井井数在2016年降至低谷，此后逐渐增加，但雪佛龙和道达尔的净完井数整体持续降低。

bp在俄罗斯、亚洲和南美洲的净完井数2016年达到低谷，此后回升；埃克森美孚的净完井数在北美呈现先降后升，但在欧洲和非洲的净完井数持续下降；雪佛龙的净完井数更加集中于美国，而在北美其他地区和亚洲的比例明显下降；道达尔在美洲和亚太的完井数降低，而在非洲以及中东和北非的完井数增加；壳牌的完井区域更加分散，但在美国和加拿大的完井数降低，而在亚洲、非洲和南美洲的完井数占比增加。

从勘探投资区块来看，石油公司风险勘探向更集中的成熟区域转变，除道达尔外，石油公司投资区域聚焦于美洲地区，且投资占比在逐年增长（表3-12）。

表3-12 国际石油公司勘探投资聚焦区域及占比

公司	聚焦区域	2013—2019年占比（%）	2019年占比（%）
埃克森美孚	美国	25~49	49
壳牌	美国	26~36	36
bp	美国	14~49	25
道达尔	非洲	25~65	40
雪佛龙	美国	27~67	67

数据来源：各石油公司年报。

三、重点投资项目

从2013—2019年各大国际石油公司的项目来看，深水项目保持较高热度。以埃克森美孚为例，2017—2018年进入的勘探区块达48个，几乎全部分布在海上区域，包括墨西哥湾盆地、英国北海、毛里塔尼亚陆缘海域、巴西坎波斯盆地、圭亚那等海域。自2015年宣布在圭亚那海上Stabroek区块获得重大发现以来，埃克森美孚积极购入邻近区块，持续深耕该海域，获取了较大规模油气储量。

第四章

"疫情+低油价"下主要石油公司应对措施

2020年初的"黑天鹅"事件——新冠疫情暴发在全球引发了剧烈地震荡。受疫情影响，2020年4月20日，美国WTI原油5月期货盘中最低触及-40.32美元/桶，为1946年美国有原油交易数据以来最低水平，也是历史上首次跌成负值。疫情的"黑天鹅"很快引发并演变形成影响经济发展的"灰犀牛"事件，全球大部分国家停工停产，人员停止流动，全球经济发展停滞。

"疫情+低油价"，"黑天鹅+灰犀牛"效应对油气企业带来的冲击是巨大的，尤其对企业战略柔性和自身的业务连续性管理能力提出了挑战。本章总结了各石油公司应对2020年这种突如其来的危机采取的措施以及当年业绩情况，目的是展现不同石油公司防范和化解"黑天鹅"和"灰犀牛"事件的方式。希望能为我国石油公司在面对突如其来的"黑天鹅"和不容忽视的"灰犀牛"事件时，采取科学合理的应对之道、从危机中探寻机遇提供参考。

第一节 "疫情+低油价"下石油公司面临形势

2020年初,新冠疫情在全球各个国家相继暴发,迅速扩散至全球200多个国家和地区。截至2020年6月30日,全球新冠病毒感染合计确诊病例突破1029万例,合计死亡病例超过50.6万例,影响全球215个国家及地区,美国新冠病毒感染合计确诊病例全球最多,突破259万例,每日增幅最高达到5万例,其他多个石油产油国如巴西、俄罗斯等也属于主要疫情国家。

为避免新冠疫情的迅速传播,多个国家采用居家办公的模式,在避免人群大规模流动、降低疫情扩散风险的同时,也给各国经济及各行业正常运转带来巨大的挑战,国际油气行业环境发生巨大变化。

一、油气供给变化

1. 短期供应调整

新冠疫情的传播对油气生产造成的影响最先体现在海上钻井平台。作为一个密闭空间和人群聚集区域,海上钻井平台交叉感染很难避免。

2020年3月初,挪威石油的平台Martin Linge号上确认一名员工感染新冠病毒,这是首例被媒体公开报道的确诊的海洋石油工人。之后,挪威石油对位于英国海域的Mariner Linge平台和挪威中部海域的Oseberg油田疑似感染新冠病毒的病例进行了筛查。由于病毒引发的恐慌进一步加剧,前往挪威石油旗下Oseberg A平台的航班被暂停,现场安装服务也随之取消。随后前往自升式钻井平台Maersk Intrepid号以及浮式住宿单元Floatel Endurance号的直升飞机暂停航行,工人均接受病毒检测。此后,北海、澳大利亚、尼日利亚等海域的钻井平台以及支持船上发现多例确诊及疑似病例。2020年4月15日,根据巴西国家石油管理局(ANP)提供的数据显示,巴西已出现126个石油和天然气工人确诊感染新冠病毒，其中74人曾在海上平台工作。

像挪威石油Martin Linge号平台、巴西石油工人感染这样的因疫情导致的油气生产停滞对油气供给的影响是很有限的，影响最大的仍然是来自"欧佩克+"的减产协议。

线上办公和居家生活、工业停工停产导致石油需求锐减，2020年第一季度和第二季度初全球经济陷入停滞，随着公路和航空旅行的急剧减少，全球液体燃料消费的下降速度要快于生产速度。石油生产和消费之间不匹配，全球石油库存大幅增加，面对这种情况"欧佩克+"提出通过减产控制供给。但由于机制内各成员国自身立场不同，共同减产机制的运行出现几次反转，进而造成行业巨大震荡，油价跌宕起伏。随着行业触底，在4月中旬油价跌破20美元/桶，美国时间2020年4月20日，美国WTI石油期货5月合约跌171.7%，收报-13.1美元/桶，最低达-40.32美元/桶，全球为之震惊。"欧佩克+"开始加大推动减产力度，截至6月底，油价稳定在40美元/桶左右（表4-1）。

表4-1　2020年上半年"欧佩克+"减产机制推动时间

时间	事件	影响
3月初	"欧佩克+"内部产生了严重分歧，俄罗斯拒绝欧佩克第178次会议提出的联合每日减产150万桶的建议	各产油国开始提高原油产量，国际油价出现明显下跌
4月9日	欧佩克和非欧佩克产油国曾初步达成协议，计划在2020年5月至6月日均减产1000万桶	由于墨西哥反对为其分配的减产额度，当天未能达成最终协议
4月13日	"欧佩克+"确认自2020年5月1日起进行为期两个月的首轮减产，减产额度为970万桶/日；自2020年7月1日至12月减产770万桶/日；自2021年1月至2022年4月减产580万桶/日	减产协议在2022年4月30日到期，是历史上规模最大，持续时间最长的一次减产协议
5月11日	沙特阿拉伯表示，从6月起在协议规定的减产份额基础上，愿意额外每天减产原油100万桶以进一步稳定全球石油市场	进一步稳定市场供需，促进油价回升，以及减产协议有效推进
6月6日	欧佩克与非欧佩克产油国（欧佩克+）以视频方式召开部长级会议，并就减产事宜达成协议。会议发表的声明说，欧佩克与非欧佩克产油国同意将日均970万桶的原油减产规模延长至7月底；同时，5月和6月未能百分之百完成减产配额的国家，将在7月至9月额外减产作为弥补	未来一段时间国际原油市场供应端将继续收紧，有效推进油价稳定

数据来源：互联网。

2. 活跃油气钻机数量

"欧佩克+"限产协议代表了最直接的供应量减少，而活跃钻机数量一直被看作是未来油气生产能力的体现。新冠疫情不仅影响了当下钻井行业的开工率，也影响了行业对未来的预期，2020年这一数据也刷新了历史最低值。

2020年6月各地区陆地及离岸钻机数量为1073台，比2019年6月的2221台减少了1148台，其中陆地钻机数量下降了1038台。从各地区的情况来看，下降最多的是北美地区，共计减少791台，其中美国减少了695台，并连续8周刷新最低纪录，加拿大减少96台。此外，拉丁美洲地区钻机数量下降也十分明显，共计减少118台（表4-2）。

表4-2 2020年5—6月主要地区钻机数量及同比数据对比　　单位：台

地区	2020年5月 陆地	离岸	合计	2020年6月 陆地	离岸	合计	2019年6月 陆地	离岸	合计
拉丁美洲	32	30	62	40	31	71	162	27	189
欧洲	85	26	111	85	25	110	144	49	193
非洲	58	3	61	57	3	60	95	21	116
中东	331	44	375	299	44	343	359	54	413
亚太地区	104	92	196	106	91	197	132	95	227
美国	335	13	348	262	12	274	945	24	969
加拿大	21	2	23	16	2	18	111	3	114
北美	356	15	371	278	14	292	1056	27	1083
合计	966	210	1176	865	208	1073	1948	273	2221

数据来源：贝克休斯公司。

二、油价变化

比起油气需求的下降，油气价格的暴跌给石油企业带来了更大的压力。从2020年上半年的油价来看，1—2月油价维持在50美元以上，在3月初出现下降，3月末小幅回升之后，继续保持下降趋势，并在4月中旬达到上半年最低，在 15~20 美元/桶徘徊，这已经远远低于很多石油公司的盈亏平衡点。伴随着 4 月欧佩克+减产协议达成统一，油价出现小幅回升，并在 5—6 月维持回升态势，至 7 月初油价在 40 美元/桶左右徘徊（图 4-1）。

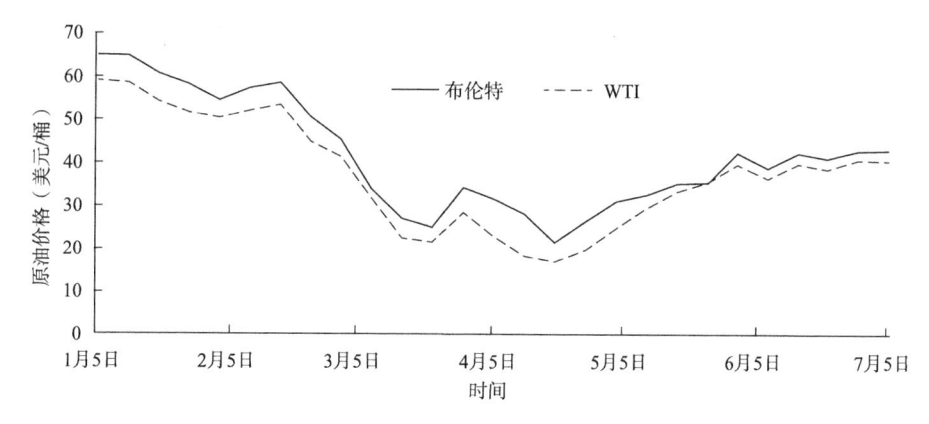

图 4-1　2020 年上半年每周原油价格

数据来源：EIA

图 4-2、图 4-3 显示了 2020 年上半年各月布伦特原油均价、WTI 原油均价与 2019 年同期的降幅，其中 4 月布伦特、WTI 油价同比分别降低 73.4%、69.4%。6 月油价回升后，同比降幅也分别在 38.2%、32.8%。2019 年油气行业刚刚回来的增长势头再次受到挑战，迅速降低的油价极大考验着各石油公司的应对能力。

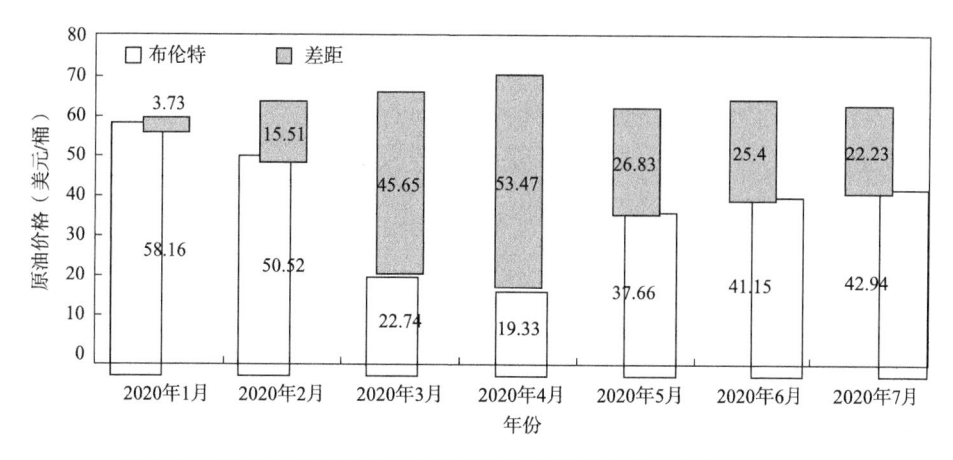

图 4-2　2020 年以来每月布伦特原油价格及同比差距（截至 7 月 8 日）

数据来源：EIA

石油公司上游业务发展策略研究

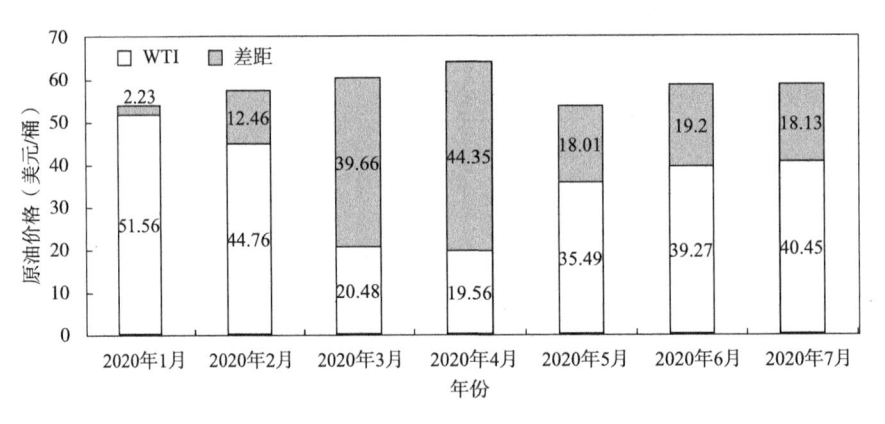

图 4-3　2020 年以来每月 WTI 原油价格及同比差距（截至 7 月 8 日）

数据来源：EIA

三、趋势研判

2020 年上半年，全球各类机构和油气企业都对疫情下的行业发展趋势做出了研判，这些判断事后证明并不完全准确，但在当时却是企业做出应对决策的基础，而企业的应对措施又反过来推动了一些研判从预测走向现实。为了能够更好地理解各家石油公司采取的措施，这里列出当时影响面比较广的几条对发展趋势的预测。

1. 新冠疫情趋势判断

2020 年 7 月全球新增确诊病例基本在 20 万例左右，新增死亡病例基本在 5000 例左右，从数据显示看，全球新冠疫情保持着较高速的蔓延发展态势，没有出现会在短期内结束的迹象。国内外专家预测，无论疫苗到来与否，全球性新冠疫情蔓延情况至少要到 2020 年底和 2021 年上半年，新冠疫苗的成功研发将有效缓解疫情的进一步发展，否则疫情发展态势仍有进一步恶化的可能。

对于油气产业，疫情持续时间是影响油价及石油产业前景的关键。如果新冠疫情持续时间长，全世界的停工停产、停服务、减消费的情况持续，能源需求将会长期低迷，将会给石油产业造成毁灭性的打击。

实际情况是，在 2023 年 5 月世界卫生组织总干事谭德塞在日内瓦宣布新冠疫情不再是构成国际关注的突发公共卫生事件时，疫情持续了超过 3 年之久。但在这之前，全球各国采取了不同的复工复产措施以尽快恢复经济。在这些措施下，石油产业受到的冲击小于预期。

2. 供需趋势判断

欧佩克在 2020 年 6 月中旬的《石油市场月报》中预测，全球石油需求会在 2020 年下半年开始恢复，但与 2019 年同期相比，下半年的日需求量仍将下降 640 万桶。

国际能源署（IEA）每年会对市场进行多轮次评估，在对 2021 年的首次详细评估中，因疫情带来的"航空业的严峻形势"将导致 2021 年全球燃料消费量比 2019 年降低 2.5%。随着全球逐渐摆脱新冠疫情影响，2022 全球石油需求将会反弹，但要恢复到危机前的水平可能需要几年时间。2020 年"欧佩克+"的产量限制措施执行良好，承诺的每天减少 970 万桶兑现了 89%。"欧佩克+"的减产和美国独立石油公司因低油价导致的停产，将会使市场在 2021 年出现供小于求，预计 2021 年原油日产量将增加 570 万桶，但平均每天 9740 万桶仍比 2019 年的水平低 240 万桶。但如果"欧佩克+"随着消费反弹而恢复产量，或者油价上涨重振了美国页岩油，这种情况可能会改变。

高盛在 2020 年 7 月对全球油气市场的预测认为，全球石油需求到 2022 年才能恢复到新冠疫情之前的水平。预计石油需求 2020 年将下降 8%，然后在 2021 年反弹 6%，到 2022 年完全恢复到大流行前的水平。其中，汽油将是石油产品中需求恢复最快的，而受大流行影响最大的航空燃料消费可能会遭受更大的打击，如果没有疫苗，消费者对航空旅行的信心可能会维持在较低水平。尽管随着管控措施的放松，燃料需求正在逐步恢复，但第二波新冠疫情可能会迅速削弱这一趋势。

我国中石化前董事长、中海油前总经理傅成玉在 2020 年 6 月发表的文章中认为，新冠疫情不会在短期内结束，可能到 2021 年才能实现全面复工，但是 2021 年的油气需求无法恢复到新冠疫情暴发前的水平。再考虑到这一次新冠疫情对全球经济的冲击，全球经济将至少需要 2~3 年的愈合时间，在这个过程中，石油需求不会出现大幅增加。

实际情况是，2020年全球原油产量同比下降了6.8%，天然气产量同比下降2.9%。2021年产量开始回升，石油产量恢复至8987.7万桶/日，仍然较疫情前的2019年减少了5.3%，远未达到IEA预测的每天9740万桶（图4-4）。相较石油，天然气的产量恢复速度更快，在经过2020年短暂的下降后，2021年全球天然气产量达到3906亿桶/日，超过疫情前水平（图4-5）。

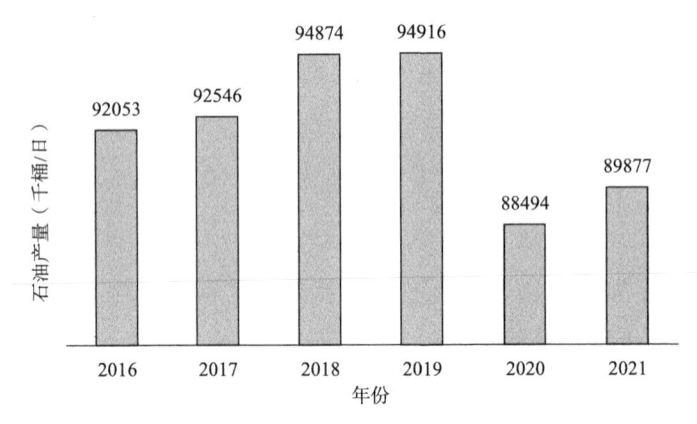

图4-4 2016—2021年全球石油产量
数据来源：bp世界能源统计年鉴（2021年）

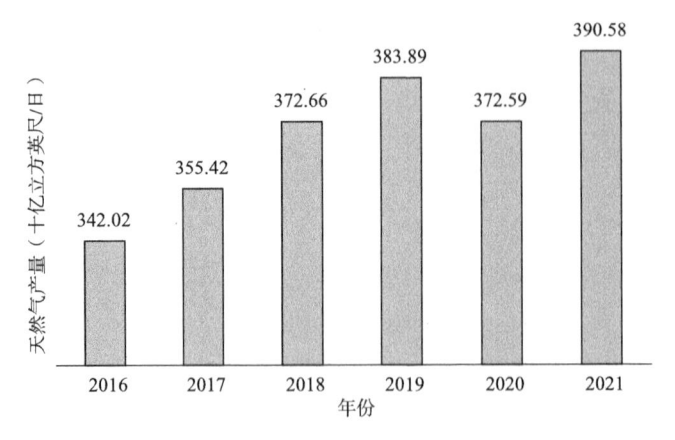

图4-5 2016—2021年全球天然气产量
数据来源：bp世界能源统计年鉴（2021年）

3. 油价趋势判断

疫情导致的全球经济下滑和燃料油消费萎靡，让各大预测机构都认为2020年至2021年油价将维持在40美元/桶区间，不会升至50美元/桶区间。

油价保持在 40 美元/桶区间是符合当时"欧佩克+"的期望的,"欧佩克+"认为这一油价水平能够阻止美国页岩油反弹。一旦油价进一步上涨,例如涨至 70 美元/桶,就会再次引发其他油气资源国,尤其是美国页岩油的过量生产。

无论行业分析研究人员对于未来油价的发展趋势是基于多哪些因素在严谨分析基础上得出的结论,但实际情况是,布伦特油价在 2020 年 12 月冲破 50 美元/桶,很快在 2021 年 2 月就达到了 60 美元/桶(图 4-6)。无论如何,油价后续的变化并不影响我们研究各个公司如何应对突如其来的"黑天鹅"事件。

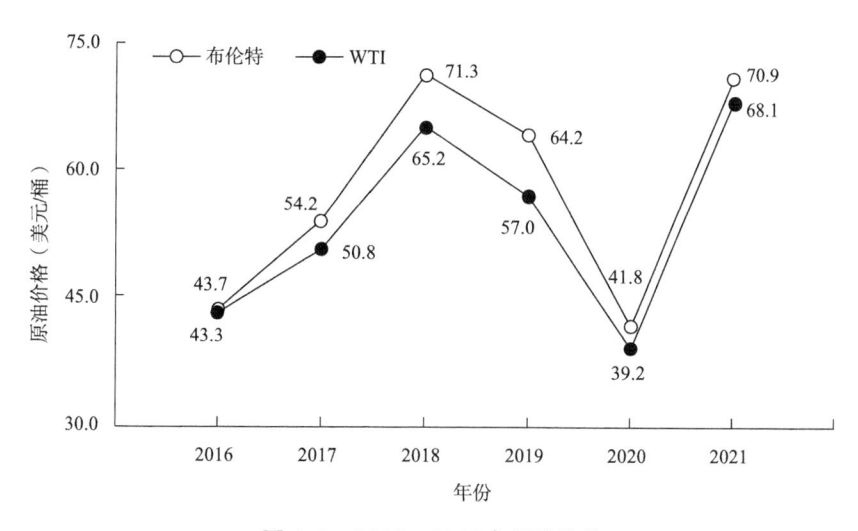

图 4-6 2016—2021 年原油价格
数据来源:bp 世界能源统计年鉴(2021 年)

第二节 国际石油公司的主要应对措施

2020 年上半年,在"疫情+低油价"的双重影响下,反应最快的是北美的独立石油公司,这些公司普遍具有规模小、产业链短等特点。独立石油

石油公司上游业务发展策略研究

公司一方面推动了北美页岩油气的繁荣，另一方面，过去几年大量独立石油公司是通过从银行借款的方式参与到页岩油气的开发中来的，所以这些公司也表现出对油价变化的高敏感性。北美页岩油气的开采成本约在40美元/桶，2020年上半年石油需求和油价暴跌使得这些独立石油公司的境况雪上加霜，到2020年6月，美国能源行业负债超过5000万美元的公司提交的破产申请已超过20个。仅在6月一个月，就有7家石油天然气公司提交申请，打平了2016年4月创下的破产申请月度最高纪录。2020年4月和5月北美页岩油气一共关闭了115万桶/日的产能，随着油价接近每桶40美元，许多独立石油公司开始能够覆盖运营成本并开始恢复生产，7月、8月北美的产量开始恢复。

但无论是运营模式还是规模体量，独立石油公司对我国石油公司的危机应对策略可参考价值不大，更具有研究和参考意义的是国际石油公司。

国际石油公司面对疫情和低油价的"黑天鹅"反应也很迅速，这次调整经营策略的典型措施主要有：一是收缩优化投资，大幅削减投资支出与产量目标；二是加强成本支出管理，出售非核心资产，确保现金流安全；三是构建多个利润增长点，坚定推进向综合能源服务商转型。

一、削减支出

在低油价和新冠疫情的双重打击下，石油公司采取的最直接的应对措施就是削减支出以维持公司现金流。截至2020年5月，全球油气行业已有170家公司宣布将削减当年的资本支出，削减金额达到了约1200亿美元。在整个支出削减计划中，上游占据了很大比例。IEA在2020年5月预测，2020年全球上游支出将缩减至3830亿美元，与2019年相比下降幅度接近30%，为15年来的最低水平；其中致密油和页岩气的上游支出预计将同比下降50%。实际情况是，根据HIS在2022年的统计数据，2020年全球上游业务支出较2019年下降了40%，超过了IEA的预测（表4-3）。

表4-3　2010—2021年全球上游分类别资本支出　　　　单位：亿美元

年份	2010	2011	2012	2013	2014	2015	2016	2017	2018	2019	2020	2021
勘探开发	4827	5848	6523	6833	6997	4812	3476	4096	4503	4408	3001	3651
陆上常规	2760	3079	3314	3300	3270	2204	1771	2111	2286	2300	1522	1828
陆上非常规	802	1292	1557	1698	1859	942	509	899	1195	1069	572	757
海上	1266	1476	1651	1835	1867	1666	1196	1087	1022	1039	906	1066
LNG基础设施和管道	660	675	670	737	725	666	664	745	746	633	504	632
上游资本支出合计	5487	6523	7193	7570	7722	5478	4140	4841	5249	5041	3505	4283

数据来源：HIS全球上游资本支出2022年3月。

1. 削减计划与实际投资

国际石油公司在2020年一季度就做出了迅速反应，调整了当年支出计划。五大国际石油公司2020年一季度公布的支出计划中，与2020年初的计划相比，合计削减支出280亿美元，其中削减幅度最高的是埃克森美孚，削减幅度达到30%，约为100亿美元，削减后的支出预计在230亿美元，是2017年以来的最低水平；其次为雪佛龙，削减支出幅度达30%，约为60亿美元，削减后支出为140亿美元；壳牌支出削减幅度达20%，约为50亿美元，削减后支出为200亿美元；bp支出削减幅度达20%，约为30亿美元，削减后支出为120亿美元；道达尔削减幅度达22.2%，约为40亿美元，削减后支出为140亿美元（表4-4）。综合来看，为应对疫情和低油价的双重影响，国际石油公司资本支出削减幅度在20%~30%，平均幅度达25%，削减金额在30亿~100亿美元。

表4-4　国际石油公司2020年总体削减支出计划

公司	年初计划（亿美元）	变更计划（亿美元）	削减金额（亿美元）	削减幅度（%）
埃克森美孚	330	230	100	30
壳牌	250	200	50	20
bp	150	120	30	20
雪佛龙	200	140	60	30
道达尔	180	140	40	22.2
合计	1110	830	280	25

数据来源：各石油公司官网。

石油公司上游业务发展策略研究

从各石油公司的实际年报数据看，2020年五大国际石油公司的上游业务的实际支出均根据公司具体情况做出了相应调整。bp和壳牌2020年的全年上游投资不减反增，其他3家公司最终的投资则整体呈大幅下降状态。bp全年勘探开发投资支出102.8亿美元，较2019年的9.6亿美元有大幅增加，投资主要集中在墨西哥湾古近系项目、加拿大Terre de Grace项目、巴西、埃及和安哥拉；壳牌的勘探开发投资从2019年的23.54亿美元上升到2020年的115.97亿美元。其余3家国际石油公司的上游勘探开发投资下滑幅度在26%~39%，与削减计划基本一致，其中埃克森美孚的勘探开发投资从2019年的234.85亿美元下降到了2020年的144.31亿美元，下降了38.6%，是5家国际石油公司中下降幅度最大的（图4-7）。

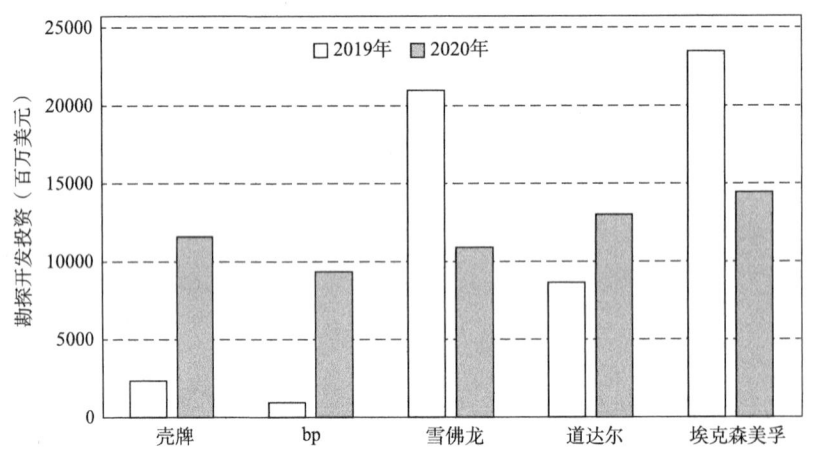

图4-7 2020年和2019年国际石油司勘探开发投资额对比图
数据来源：各石油公司年报

2. 削减资本性支出的主要方式

资本支出减少主要有3个方面：推迟启动大项目、削减低效项目投资、退出无效项目。

油气大项目一般是指投资巨大、建设周期长、对公司业务有着重要作用的项目，在特殊时期延迟对大项目投资决策，是国际石油公司削减资本性支出的重要手段。五大国际石油公司在2020年延迟投资决策的大项目类型主要是深海油气勘探开发项目和LNG项目两类，例如，埃克森美孚推迟了圭亚那Payara项目、莫桑比克LNG项目的最终投资决定，壳牌推迟了北海和墨西哥湾的油气项目及加拿大LNG项目（表4-5）。

表4-5 主要国际石油公司公布的推迟项目（数据截至2020年9月）

公司	项目名称	类型	区域
埃克森美孚	莫桑比克Rovuma LNG项目	LNG项目	非洲
	圭亚那Payara项目	深海油气	南美
壳牌	加拿大LNG项目	LNG项目	北美
	北海的Jackdaw天然气项目	深海天然气	欧洲
	北海Cambo油田	深海油气	欧洲
	Shearwater天然气基础设施枢纽项目	天然气基础设施	欧洲
	墨西哥湾Whale项目	深海油气	墨西哥湾
bp	Cherry Point炼油厂的启动日期	炼油厂	北美
	印度尼西亚Tangguh LNG项目	LNG项目	亚洲
雪佛龙	美国二叠纪页岩区块钻探生产活动	非常规	北美
	深水项目	深海油气	全球

数据来源：各石油公司官网。

削减资本性支出的第二个重要手段是减少对低效项目的投资。美国页岩油气盈亏平衡成本为40美元/桶左右，基于对未来油价趋势总体判断，埃克森美孚、bp、雪佛龙都把北美非常规油气项目和加拿大油砂项目的投资作为削减重点，其中bp计划减少10亿美元的页岩业务投资，较原计划减少25%（表4-6）。

表4-6 主要国际石油公司非常规业务调整情况（数据截至2020年3月）

公司	削减情况
bp	削减美国页岩气活动以及勘探和大型项目支出，削减幅度占25%；减少10亿美元的页岩业务投资
雪佛龙	上游非常规能源支出（主要在二叠纪盆地）减少20亿美元
道达尔	减少勘探和生产投资25亿美元

数据来源：各石油公司官网。

退出项目是第三个削减支出的手段，但由于油气资源是石油公司的核心资产，所以即使油价大幅降低，市场需求短时间内难以恢复，五大石油公司真正退出的项目并不多。从2020年一季度的调整计划中，宣布退出计划的有壳牌退出美国查尔斯湖 LNG 项目、西伯利亚亚马尔半岛的北极石油联合项目,道达尔取消了加纳油气收购项目。

3. 削减运营支出的主要方式

国际石油公司虽然强调要通过增加数字化程度、提升工作效率等方式实现运营成本的减少,但实际上见效快的措施主要有两个:一是关闭低效、无效油气产量;二是裁减人员,降低人工成本。从 2020 年一季度五大国际石油公司公布的运营成本削减目标来看,基本在 10 亿~30 亿美元(表 4-7)。

表 4-7 五大国际石油公司削减运营成本目标

公司	削减运营成本目标
埃克森美孚	计划 2020 年减少 15% 的现金支出
壳牌	到 2021 年较 2019 年减少 30 亿~40 亿美元运营成本,降低炼厂和化工厂的利用率
bp	到 2021 年底在 2019 年现金成本的基础上,减少 25 亿美元
雪佛龙	2020 年减少 10 亿美元运营成本
道达尔	2020 年减少 10 亿美元运营成本,减少 10 亿美元能耗成本,降低 2020 年公司高管薪酬

数据来源:各石油公司官网。

2020 年一季度,国际石油公司开始调整产量。进入二季度后,国际石油公司普遍认为未来形势不确定性增强,再次公布了 2020 年二季度减产目标,调减的主要目标是加拿大油砂、二叠纪盆地等经济性差的区块产量(表 4-8)。

表 4-8 国际石油公司一季度油气产量及二季度减产目标(截至 2020 年 5 月 10 日)

公司	2020 年一季度油气产量	减产目标	主要方式
埃克森美孚	4046 千桶 / 日,同比增长 1.6%	二季度计划原油产量减少 40 万桶 / 日,天然气产量减少 10 万桶 / 日	减产加拿大非经济性油砂、推迟二叠纪盆地生产、按政府要求减产
壳牌	3719 千桶 / 日,同比下降 1%	二季度产量削减 50 万桶 / 日	将根据政府规定、经济环境和经济性持续降低产量
bp	3715 千桶 / 日,同比下降 2.8%	2020 年产量较 2019 年减少 7 万桶 / 日左右	重点削减美国陆上和伊拉克的产量
雪佛龙	3235 千桶 / 日,同比增长 6.5%	二季度产量削减 20 万~30 万桶 / 日	主要削减二叠纪盆地产量
道达尔	3086 千桶 / 日,同比增长 5%	2020 年产量较 2019 年减少 5%,为 2950~3010 千桶 / 日	除受利比亚生产中断和天然气需求降低影响外,削减加拿大油砂产量

数据来源:各石油公司官网。

除了减少低效无效产量，另一方面就是通过削减人员支出。2020年埃克森美孚、bp、壳牌、雪佛龙的裁员比例在10%~15%，各家裁员规模在0.6万~1.4万人，同时还会配合冻结加薪、取消奖金等措施来控制人工成本（表4-9）。

表4-9 主要国际石油公司裁员计划（数据截至2020年9月）

公司	人数	降薪情况
埃克森美孚	3月，在路易斯安那州裁员1800人。6月底，埃克森美孚公布计划削减美国本土员工人数，预计5%~10%的在美员工将于定期考核后离职。主要针对工程、金融和项目管理等白领岗位进行业绩评估，采用竞争式上岗	—
壳牌	5月，壳牌表示计划采取员工自愿离职补偿的举措，随后在英国、荷兰、美国和加拿大等地，均已采用这种方式来减少员工数量。此外壳牌还将大幅缩减外部招聘规模，并重新审视外派员工的合同以节省开支，未来外派员工人数可能只有现在的一半左右。此外，壳牌在2020年下半年可能会出现与新冠疫情相关的进一步裁员	—
bp	6月8日宣布，将裁员大约15%。企在现有超过7万名的员工中大约1万人将离职，将于年底前完成。裁员主要影响管理人员，而非一线业务人员	在一定期限内冻结加薪、升职和奖金
雪佛龙	5月28日宣布在全球裁员10%~15%，作为正在进行的重组中的一部分举措。目前，雪佛龙拥有约45000名员工，这意味着该公司这一轮裁员人数将达到4500~6750人	—
道达尔	—	道达尔CEO潘彦磊提议，在2020年包括5月的余下时间内，将其固定薪酬降低25%。同时集团执行委员会成员同意在2020年余下时间内将固定薪酬降低10%

数据来源：各石油公司官网。

二、优化资产

为应对新冠疫情及低油价，国际石油公司一方面收缩开支，一方面出售资产进行资金回笼。被出售的资产以LNG项目和海上区块为主，包括少量炼厂和管道资产，从类型上看，既包括实体资产，也有股权。

道达尔的计划是到2020年底在全球范围内通过出售资产筹资50亿美元。埃克森美孚计划到2021年实现150亿美元的资产出售收入，到2025年实现250亿美元的资产剥离。从各公司的资产出售计划（表4-10）情况来看，壳牌及道达尔的出售意图最为强烈。壳牌出售资产类型涉及炼油厂、页岩气资产、LNG项目及设施、管道等；道达尔及埃克森美孚以出售海上油田为主，bp出售海上油气田及石化资产；雪佛龙出售油田及输油管线。

实际情况是，2020年，各国际石油巨头合计剥离上游油气资产约22亿美元。

表4-10 主要国际石油公司主要资产出售计划表

公司	资产名称	类型	所在区域	金额
埃克森美孚	阿塞拜疆最大油田ACG油田的6.8%股权	海上油田	阿塞拜疆	—
	美国墨西哥湾、英国北海、德国、尼日利亚、马来西亚、印度尼西亚、罗马尼亚、阿塞拜疆、越南、乍得和赤道几内亚的上游资产	上游资产	美洲、亚洲、中东等	寻找目标买家
	英国北海业务	海上油田	欧洲	逾20亿美元下调至10亿~15亿美元
壳牌	将壳牌在加利福尼亚的马丁内斯炼油厂出售给子公司PBF Holding Company LLC（PBF）	炼油厂和库存	美国	12亿美元
	阿巴拉契亚页岩气资产	页岩气	美国	5.41亿美元
	澳大利亚昆士兰柯蒂斯LNG通用设施26.25%的股份	LNG设施	澳大利亚	30亿美元
	两个油田和两条管道的股份	油田及管道	挪威	—
	壳牌考虑出售24万桶/日路易斯安那炼油厂	炼油厂	美国	—
bp	北海某些资产中的股份	海上油田	欧洲	—
	阿曼哈赞天然气田项目中10%的股份	天然气田	亚洲	—
	旗下全部石化资产	石化资产	亚洲	50亿美元
	出售阿拉斯加业务，将普拉德霍湾（Prudhoe Bay）油气生产资产出售给全资控股的Hilcorp能源公司	油气田及管道股份	北美	56亿美元
	美国陆上的San Juan、Arkoma和Anadarko油田的出售	陆上油田	北美	—

续表

公司	资产名称	类型	所在区域	金额
雪佛龙	将阿塞拜疆的能源资产出售给MOL匈牙利油气公司	油田及输油管线	亚洲阿塞拜疆	15.7亿美元
	如出售得州贝莱尔市30英亩主要地段物业等	物业	北美	—
	马来西亚Malampaya油田的权益出售	油田	亚洲	5亿美元
道达尔	计划出售其在尼日利亚OML 118海上区块12.5%的股权，该区块包括Bonga、Bonga Southwest和Aparo油田	海上区块	非洲	暂未完成
	英国非核心的资产出售给NEO能源	—	欧洲	—
	计划出售其在肯尼亚项目中所持25%股份的一半	—	非洲	12.5亿~20亿美元
	宣布寻求出售其在尼日利亚8个区块（包括陆上和浅水区）的股权，以重塑其全球投资组合	海上区块	非洲	—
	出售其在印度尼西亚深水天然气项目中的股权	深水天然气	亚洲	—
	出售墨西哥坎佩切盆地3个区块30%的股份	海上区块	北美	—
	与卡塔尔石油签署科特迪瓦区块转让协议，区块占地约3200平方千米，水深从1000米到2000米不等	海上区块	非洲	—
	出售Fos Cavaou LNG码头运营商Fosmax LNG的27.5%的股权	LNG码头股权	欧洲	2.6亿美元
	剥离勘探生产（文莱深海婆罗洲BV海上区块出售给壳牌）和市场营销与服务部的若干非核心资产（塞拉利昂和利比里亚）	海上区块及部分资产	亚洲	4亿美元

数据来源：各石油公司官网。

另外，依据伍德麦肯兹（Wood Mackenzie）公司数据，2020年全球油气资源并购交易总数量为153宗，较2019年降低33%，创下有交易记录以来的最低值；并购交易涉及金额合计约690亿美元，比2019年下降44%，创自2004年以来新低。其中，国际石油公司实现交易金额近150亿美元，高于2019年的110亿美元。雪佛龙以全股票交易方式（约131亿美元）收购独立油气生产商诺布尔（Noble）能源公司，道达尔以5.75亿美元收购图洛石油公司的乌干达资产，是国际石油巨头交易金额相对较大的并购活动。

三、业务转型与金融市场相结合

自2015年《巴黎协定》发布以来，各大国际石油公司积极投资清洁能源、开发低碳技术，但公司的营业收入仍以传统油气业务为主。低油价期间，国际石油公司的重要措施之一就是借助金融市场的力量，通过资本市场融资、购买期货及看跌期权等金融产品获取资金。在融资方面，五大国际石油公司则技巧性地在金融市场发布新能源转型和发展目标，以此吸引投资者，抬升股价，降低融资成本和难度。例如，低油价下，五大国际石油公司，除了埃克森美孚，都重申了能源转型战略，并接连发布2050年"净零"排放计划。同时，部分石油公司还表示，低碳战略与新能源业务将免于资本支出的削减。

如宣布虽然会削减其他业务的资本支出，但低碳业务5亿美元的投资计划不会改变，公司不会放慢"脱碳"脚步。在2020年一季度季报时bp再次强调将继续致力于实现净零排放目标。2020年的相关行动来看，包括投资氢能生产设施、地理空间分析软件公司、印度绿色增长股票基金等一系列大型活动均如期进行。

道达尔在发布2020年一季度季报的同时宣布了2050年净零排放目标，并明确指出，将保持每年对低碳电力业务15亿~20亿美元的资本支出。2020年道达尔的低碳净零相关活动在国际公司中最为频繁，进行了多个可再生能源收购项目并制定气候目标。

壳牌更加青睐能源转型的项目。壳牌计划解决由自己的业务和公司消耗的能源所产生的排放，减少旗下产品的碳足迹，通过更多的采用可再生能源、生物质能源、氢能等转换其能源利用类型，降低公司产品的碳强度，以达到减少产品碳足迹的目的。壳牌在2020年4月宣布将之前制定的到2050年减少碳足迹50%的目标调整为65%，同时在2035年前达到30%的碳足迹减少（表4-11）。

第四章 | "疫情+低油价"下主要石油公司应对措施

表 4-11 主要国际石油公司业务转型计划（数据截至 2020 年）

公司	主要领域	投资
壳牌	壳牌 4 月公布了到 2050 年实现"碳中和"计划，表示公司将更多业务转向可再生能源和氢能，重点是到 2050 年成为零排放的企业。调整中长期减少碳足迹计划：由于巴黎协定的温升控制目标由 2℃ 调整为 1.5℃，因此壳牌决定将之前制定的到 2050 年减少碳足迹 50% 的目标调整为 65%，同时在 2035 年前达到 30% 的碳足迹减少	承诺在可再生能源上投入更多资金
壳牌	7 月，壳牌欧洲能源公司（Shell Energy Europe）已达成一项新协议，向 Nature Energy 购买生物甲烷，作为其减排和向清洁能源转型战略的一部分	Nature Energy 称这是同类交易中最大的一笔，然而，有关资金或数量的协议条款并未披露
bp	6 月 bp 向地理空间分析公司 Satelytics 投资 500 万美元，使 Satelytics 进一步开发其技术并扩大其在石油和天然气领域的应用。该公司是一家基于云的地理空间分析软件公司，使用先进的光谱成像和机器学习技术来监测环境变化，包括甲烷排放	投资 500 万美元
bp	向低碳能源"转型"，大幅削减来自其业务和销售的化石燃料燃烧排放。7 月 6 日，bp 与晶科电力科技股份有限公司签署谅解备忘录，为中国客户提供去碳化的综合能源解决方案及服务，这是 bp 在可再生能源领域的第一个重大举措	—
bp	5 月，bp 澳大利亚宣布对氢能生产设施进行可行性研究	初始投资为 270 万澳元，另外还有 170 万澳元由澳大利亚可再生能源局资助
bp	7 月，bp 公司表示将向印度绿色增长股票基金投资 7000 万美元，加速在印度的发展，共同投资各种零碳和低碳能源解决方案	—
道达尔	3 月，通过道达尔 Quadran（其 100% 在法国的可再生能源开发商和生产商）收购了法国 Global Wind Power（GWP）100% 的股份，该公司拥有 1000 兆瓦的陆上风电项目，其中包括计划中的 250 兆瓦到 2025 年投放市场	未透露具体收购金额
道达尔	3 月，收购位于威尔士凯尔特海的开拓性浮动风能项目 Erebus 的 80% 股权，使得道达尔成为英国这一全球最大的海上风电市场的先行者之一	—
道达尔	5 月，采用新的气候目标，到 2050 年实现净零排放	
道达尔	5 月，道达尔、挪威石油等企业携手共同开发欧洲首个商业规模的碳捕集和存储项目——北极光项目，也是道达尔在碳利用价值链方向上首个具备工业规模的项目	投资 6.9 亿美元
道达尔	6 月，关注低碳电力领域，确认了其 2025 年可再生能源发电总容量达到 25 吉瓦的目标	维持在 15 亿~20 亿美元，这一投资金额在道达尔 2020 年总资本支出中的占比高达 10%~14%
道达尔	6 月，道达尔进入苏格兰北海的一个大型海上风电场项目	在完成交易时支付 7000 万英镑的预付款

数据来源：各石油公司官网。

四、低油价应对举措的特点

从各国际石油公司应对"疫情+低油价"的措施看,国际石油公司面对突发"黑天鹅"事件冲击时的反应很快,力度相对以往低油价时期也更大。2020年3月初油价大跌以后,五大国际石油公司仅用10余天就迅速调整了当年的投资计划,快速决策推迟或放弃了一批大型资本项目投资,让当年投资更加集中于投资短周期、低风险和高回报项目;快速下调了油气产量目标,特别是美国二叠纪盆地等高成本页岩油产能以降低油价暴跌造成的损失。与此同时,推出一系列降成本、保现金流的举措,重点是降低运营成本、暂停股票回购、加快发债等。

总体来讲,国际石油公司在低油价时期的应对措施总体可分为初期举措和后期举措。

1. 初期举措重在创造现金流,保生存

低油价初期是指油价暴跌的当年和次年,在这一时期,石油公司在业务层面通常采用削减资本支出、降低运营成本、酝酿资产剥离、借力金融市场4类应对措施,目的是要力保现金流持续稳定。

削减资本支出和降低运营成本是石油公司应对历次油价下跌的最常用手段。削减资本支出通常是指对于经济性较差的在产项目,主动关井、降产;对于投资额较大的在建和待建项目,进行重新审查或推迟建设;对于勘探项目,临时减少勘探投资,待现金流压力降低后再恢复。此次低油价,国际石油公司资本支出削减幅度在26%~39%之间。降低运营成本通常包括精简机构、裁减人员、减少管理层级,优化供应链,降低物资和服务采购成本,甚至关停部分业务等。

低油价初期,国际石油公司资产剥离宣传多、行动少。20世纪80年代至今的4次低油价初期,国际石油公司合计剥离资产金额不到200亿美元,仅占同时期交易总额的3%(非低油价初期为8%),大肆宣传的原因是为吸引国家石油公司的兴趣,为后期交易做准备,在2020年初,五大国际石油公司都宣布了数额巨大的资产剥离计划，而实际上，整年度 5 家公司合计剥离了 22 亿美元资产，远远低于年初公布的计划。

借力金融市场是部分国际石油公司应对低油价采用的特殊手段。通常包括资本市场融资、购买期货及看跌期权等金融产品、停止股票回购、削减股息等。2020 年 3 月油价暴跌后国际石油公司纷纷宣布停止股票回购，部分公司决定使用削减股息这一非常规工具，如壳牌就实施了第二次世界大战以来的首次股息削减。

2. 后期举措重在获取廉价资源，谋发展

低油价后期指油价暴跌 1~2 年之后的时期，在此期间油价或反弹，或持续低迷数年，只要不发生油价的进一步暴跌，低油价对大石油公司的负面冲击会明显减弱，正面效应开始增强。在此阶段，国际油气资产交易单价跌至低位、交易活跃度企稳回升，国际石油公司资产交易密集，以低价获取优质资源，实现资产优化。例如：1986 年国际油价暴跌，1987—1989 年是国际石油公司获取资源的密集期，在此期间壳牌、雪佛龙等国际石油公司的储量增量都在 10% 以上，雪佛龙兼并坦尼考公司，一跃成为美国最大天然气生产公司；1997 年油价暴跌，催生了世纪之交埃克森与美孚、雪佛龙与德士古等国际石油巨头合并。

分析最近一轮低油价周期五大国际石油公司资本支出比例，储量购买及勘探相关支出占上游业务总支出的比例未发生大的变化。2013—2015 年，五大国际石油公司储量购买及勘探相关支出在上游业务总支出中的占比从 25% 下降至 16%，2016 年之后，随着油价开始逐渐恢复，储量购买及勘探相关支出所占比例开始回升，2016 年最高达到 45%，2017 年、2018 年也分别达到 35%、38%。至 2019 年，这一比例恢复至 28%，也略高于油价下跌前（图 4-8）。

这也进一步证实了，从储量收购的时机上看，油价初步回暖阶段通常被认为是收购活跃期。当油价下跌时，各大石油公司采取加强自主勘探的应对措施，一方面为了降低现金流支出，维持公司的正常运营；更主要是因为这种情况下，油价走势不明朗，各大石油公司都对投资保持着谨慎的态度。而

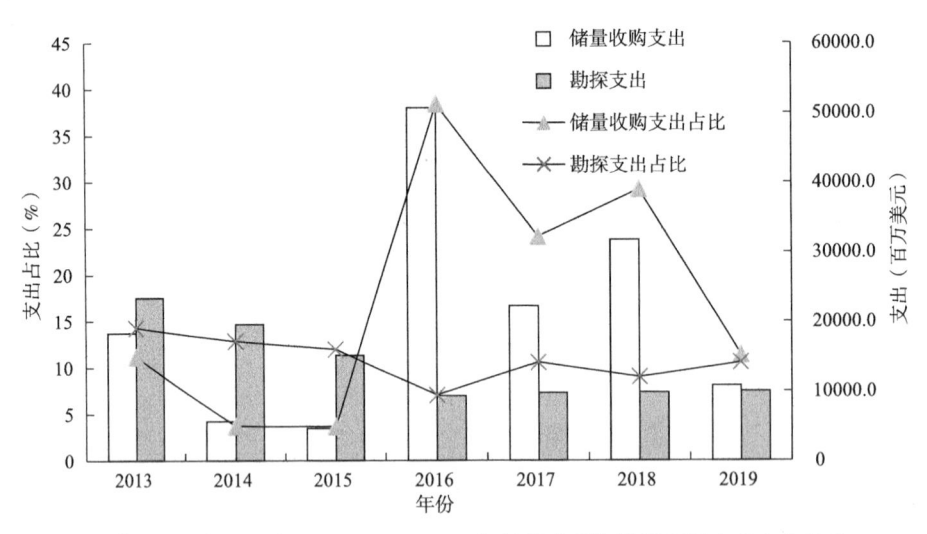

图 4-8 五大国际油公司 2013—2019 年储量购买和勘探相关支出变化趋势

油价刚刚回暖的阶段，一方面由于此时储量的购买仍然非常划算，另一方面石油公司也需要良好的资产来创造更多的现金流，从而为接下来的高油价时期做好准备。

但是，2021 年之后国际油价回暖，国际石油公司普遍迎来收入、利润双增长，经营业绩向好。但是国际石油公司并没有急于增支增产，2020—2021 年，除 2020 年雪佛龙并购诺布尔（Noble）能源公司的交易外，国际石油公司鲜有大额买入资产交易，在资产交易中处于"净卖家"地位。2022 年五大国际石油公司上游资产购买金额合计在 1 亿美元以下，创 2012 年以来最低纪录，但完成资产剥离约为 120 亿美元。可以看出，与 2014—2017 年低油价时期不同，2021 年油价回暖后国际石油公司并没有着力获取更多资源，而是更加谨慎地优化核心资产，究其原因，一方面是由于新冠疫情和低油价的冲击，再加上乌克兰危机推动区域油气地缘风险飙升，让各大石油公司都保持着审慎投资的原则，严格约束资本支出，确保稳健发展；而另一方面，也可以看出石油公司不断减少、优化化石能源资产的战略意图。

五、国际石油公司应对低油价措施的启示

综合分析国际石油公司应对低油价的措施和效果，有以下 3 方面启示：

第四章 | "疫情＋低油价"下主要石油公司应对措施

有技巧的创造现金流是应对低油价的关键。低油价时期，石油公司创造现金流不易，国际石油公司往往采用一些巧妙的办法。在出售资产时，往往采取出售项目部分股权和优劣资产打包出售的方式，提高交易成功率，同时利用低油价时期下游资产相对升值的契机，卖出炼厂和加油站股份。在资产并购时，往往采取股权置换的方式，如2020年雪佛龙并购诺布尔（Noble）能源公司就是采用了全股票交易方式。同时引入有意向进入油气行业，但不具备勘探开发作业能力的私募基金和私人资本。在融资方面，低油价时期在金融市场发布新能源转型和发展目标，吸引投资者，抬升股价，降低融资成本和难度。

助力公司长期发展是各类应对措施的核心。低油价下，国际石油公司的应对措施围绕公司中长期发展战略部署和实施，通常包括服务发展战略、挖掘规模效应、推动技术创新等。2014年低油价后，国际石油公司均将天然气作为未来发展战略重点，通过招标、并购等方式获取了大量天然气资源，如壳牌收购BG、埃克森美孚进入莫桑比克等。同时，国际石油公司对传统优势区域加强布局，发挥规模效应，如雪佛龙回归美国、道达尔强化非洲合作、bp专注中东北非、埃克森美孚坚持"海湾发展计划"等。此外，在低油价时，国际石油公司依然会保持稳定的研发投入强度，通过技术进步持续降低公司成本，如20世纪80年代低油价时期，壳牌持续投入推动三维地震勘探技术发展；当前国际石油公司在数字化、智能化方向的科研投入力度增强。

构建抗风险的业务和管理体系是应对低油价的基础。国际石油公司均依据各自公司的特点建立了一套风险管理体系，能够在油价波动时将损失降至最低。如壳牌在做项目投资评价时，会设置低油价情景，进行预演和评估；现今几乎所有国际石油公司都坚持纵向一体化发展战略，公司上下游业务链之间盈亏互补，保持公司整体利润稳定，提高低油价时期抗风险能力。如值得关注的是，壳牌在天然气领域的业务链条不断延伸，逐步进入天然气发电、输配电业务、能源管理领域，彻底打通上游勘探开发到下游销售的全产业链渠道，实现了天然气储量到电力销售收入的快速转化，使石油价格暴跌对该业务链的影响大大减弱。

2020年新冠疫情和低油价的"黑天鹅"事件，是对全球石油公司快速启动应急风险防控体系的能力考验。面对疫情对全球经济运行的影响，国际石油公司和我国三大石油公司均属于规模大、产业链长，所以更需要稳健的应急风险预案准备与快速的风险响应及处置举措，需要能够在与战略目标保持一致的前提下应对各种威胁。

应急管理和危机管理是建立在风险评估基础之上，对突发风险事件或重大危机事件有效预警、控制和处理的过程。而有效的应急管理和危机管理方案必须建立在动态监测外部不确定因素的基础上。在本章的第一节中列举了2020年对形势发展研判的主流观点，以及在这些研判下各公司的应对措施，可以看到，在2020年一季度各石油公司均快速启动了公司内部对重大风险的预警和控制，但石油公司也在实时动态监测外部因素带来的影响，并在保持总体计划的同时做出了一些细节的调整。

除了快速应对、实时调整外，能否做好专项恢复计划与善后工作也考验石油公司应对突发事件的能力。面对新冠疫情+低油价的"黑天鹅"事件，快速响应、恰当处理的方式才真正有机会帮助企业将"危"转化成"机"，将疫情风险对公司可持续发展的负面影响降到最低。

油气行业所面临的"黑天鹅""灰犀牛"绝不仅仅是疫情期间才会出现，油气作为特殊商品，整个行业对经济、金融和政治环境的变化都非常敏感。国际形势波谲云诡、能源替代呼啸而来、金融市场瞬息万变，石油公司必须始终既要高度警惕"黑天鹅"事件，也要防范"灰犀牛"事件。

第三节　我国石油公司的主要应对措施

2020年是新中国历史上极不平凡的一年，也是油气行业大考之年。这一年，疫情对油气行业的冲击巨大，全行业于逆境中谋发展，在发展中求改变,抗疫保供、复工复产、提质增效、增储上产,实现了扭亏为盈。

一、持续增加勘探力度

2019年5月,国家能源局主持召开"大力提升油气勘探开发力度工作推进会",会上提出"石油企业要落实增储上产主体责任,完成2019—2025年七年行动方案"工作要求,业界称之为"油气增储上产七年行动计划"(以下简称七年行动计划)。"七年行动计划"提出后,我国三大国有石油公司及陕西延长石油(集团)有限责任公司纷纷调整了各自的油气勘探开发部署,持续加大上游发展力度。

2020年初,新冠疫情暴发,全球范围内几乎所有石油公司考虑到疫情、油价等因素,都采取了紧缩政策,大幅压减开支,甚至裁员。国内石油企业也不例外,相继表态将"勒紧裤腰带"过寒冬。2020年6月12日,国家发展改革委、国家能源局颁布的《关于做好2020年能源安全保障工作的指导意见》,给国内"七年行动计划"定下了长期的基调,为国内石油市场发展提供了政策支撑。《意见》指出,积极推动国内油气稳产增产,坚持大力提升国内油气勘探开发力度,支持企业拓宽资金渠道,通过企业债券、增加授信额度以及通过深化改革、扩大合作等方式方法,推动勘探开发投资稳中有增。同时,本着市场化原则,国家将加大政策支持力度,完善激励机制。鼓励开发性、政策性银行支持能源安全保障项目建设,引导社会资本参与项目建设。

"七年行动计划"极大推动了我国油气上游产业的发展,使得我国油公司在面临疫情的情况下,依然积极加大国内勘探开发力度,在逆境中继续保持了油气产储量双双增长。老区新区、东部西部,渤海、南海多点开花,全年新增石油、天然气探明地质储量分别达到13.2亿吨和1.29万亿立方米。2020年,国内石油、天然气产量持续增长,分别达到1.95亿吨和1888亿立方米,同比增长2.0%和8.9%。2020年,我国海上油气产量突破6500万吨油气当量,创历史新高,海上油气生产已经成为保障国家能源安全的重要增长极。

二、降本增效

2020年,三大石油公司纷纷调整投资策略,加强重点战略区域、潜力优质区块的勘探,有效控制成本。

2020年,中石油根据油价变化和经营效益、现金流状况,调整优化投资规模和结构,资本性支出为人民币2464.93亿元,比2019年的人民币2967.76亿元下降16.9%,减少了502.83亿元(表4-12)。其中,2020年勘探与生产资本性支出为1866.20亿人民币,占总投资的75.71%,较2019年的2301.17亿人民币减少了434.97亿人民币,主要用于国内松辽、鄂尔多斯、塔里木、四川、渤海湾等重点盆地的油气勘探开发,加大页岩气等非常规资源开发力度;海外中东、中亚、美洲、亚太等合作区现有项目的效益开发。

表4-12 2019年和2020年中石油资本性支出对比

项目	2020年 资本支出(亿元)	2020年 占比(%)	2019年 资本支出(亿元)	2019年 占比(%)	差值 资本支出(亿元)
勘探与生产	1866.20	75.71	2301.17	77.54	-434.97
炼油与化工	218.10	9	218.23	7	-0.13
销售	162.94	7	170.74	6	-7.8
天然气与管道	211.43	9	270.04	9	-58.61
总部及其他	6.26	0	7.58	0	-1.32
合计	2464.93	100	2967.76	100	-502.83

数据来源:中石油公司年报。

2020年,中石化全年资本支出人民币1351亿元,较2019年的1471亿元减少120亿元。其中,勘探及开发板块资本支出人民币564亿元,主要用于胜利、西北等原油产能建设,涪陵、威荣等页岩气产能建设,以及天津LNG二期、山东LNG二期建设等,占总资本支出的42%,较2019年的617亿元减少了53亿元(表4-13)。勘探方面,中石化除了持续加强战略领域风险勘探、富油气区带勘探和页岩油气勘探,在塔里木盆地、四川盆地、渤海湾盆地取得一批油气新发现。

表 4-13　2019 年和 2020 年中石化资本性支出对比

项目	2020 年 资本支出（亿元）	占比（%）	2019 年 资本支出（亿元）	占比（%）	差值 资本支出（亿元）
勘探及开发	564	42	617	42	-53
炼油	247	18	314	21	-67
营销及分销	254	19	296	20	-42
化工	262	19	224	15	38
本部及其他	23	2	20	1	3.0
合计	1351	100	1471	100	-120

数据来源：中石化公司年报。

2020 年初，面对国际油价的急剧下跌，中海油及时调整了全年产量目标和资本支出计划，2020 年全年资本支出 774.06 亿元，较 2019 年的 785.78 亿元，减少了 11.72 亿元。中海油将重点投入到国内油气勘探开发中，国内资本支出增加了 64.37 亿元，共获得 16 个商业发现；海外资本支出减少 75.89 亿元（表 4-14）。与此同时，通过继续从技术创新和管理创新方面挖掘潜力，推进降本增效工作，桶油主要成本降至 26.34 美元，桶油作业费用 6.90 美元，均创 10 年来新低，继续巩固了公司的成本竞争优势。

表 4-14　2019 年和 2020 年中海油资本性支出对比

项目		2020 年 资本支出（亿元）	占比（%）	2019 年 资本支出（亿元）	占比（%）	差值 资本支出（亿元）
中国	开发	455.27	59	356.59	45	98.68
	勘探	116.89	15	151.20	19	-34.31
	小计	572.16		507.79		64.37
海外	开发	175.03	23	242.53	31	-67.5
	勘探	26.87	3	35.46	5	-8.59
	小计	201.90		277.79		-75.89
	合计	774.06		785.78		-11.72

数据来源：中海油公司年报。

三、推进技术创新

"七年行动计划"实施之后,三大国有石油公司加大勘探开发资金和科技投入力度。从研发投入规模来看,2020年,中石油、中石化、中海油上市部分科研投入资金分别为22.8亿美元、20.9亿美元、6.1亿美元,其中中石油和中石化的研发投入远高于五大国际石油公司(图4-9),在世界主要石油公司中研发投入规模占据较为突出的地位。

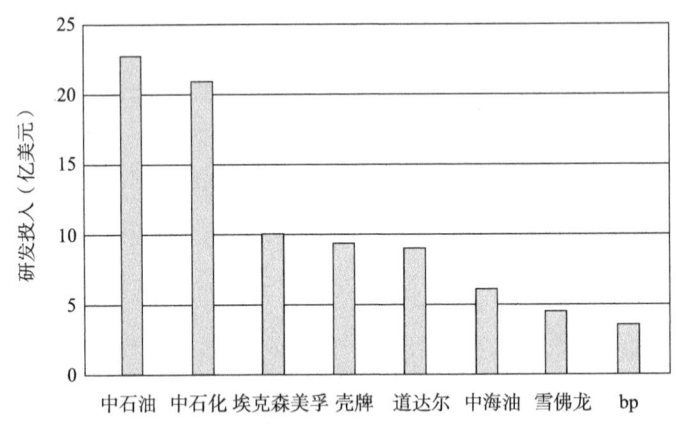

图4-9 2020年世界主要石油公司(上市部分)研发投入对比
数据来源:各石油公司年报

2020年,中石化在页岩油气勘探理论技术、特深层油气勘探开发技术取得新突破并发现了国内首个常压页岩气资源区块,研发形成了地震节点采集系统并规模化应用。炼油方面,完成了快速床催化裂解生产低碳烯烃技术工业试验,高掺渣低排放重油催化裂化等成套技术实现工业转化。化工方面,开发形成48K大丝束碳纤维成套技术,实现了系列生物可降解材料的工业化生产,攻克了熔喷料(布)等医卫原料生产技术。全年申请境内外专利6809件,获得境内外专利授权4254件。

中石油坚持"业务主导、自主创新、强化激励、开放共享"的发展理念,坚持以研发组织、科技攻关、条件平台和科技保障为核心的公司"一个整体、两个层次"科技创新体系建设,取得了一批新的重大科技成果并推广应用。2020年,中石油研发投入占公司营业收入的1.2%,研发投入资本化的比重为31.3%，在中国获得专利2784件。

2020年，中海油不断推进"渤海油田稳产3000万吨、上产4000万吨"等关键技术研究和实施，研究方向聚焦在深水、高温高压、稠油、低渗等技术；在新能源领域探索海上风电、地热等领域。深水油气开发关键技术装备国产化取得了较大突破，建设了天然气水合物国家重点实验室，并着重提升了非常规油气勘探开发、化学驱、稠油热采等多个科研平台试验能力。

第四节　2020年业绩对比

2020年，面对新冠疫情这样的全球性事件，各大石油公司的整体应对策略具有一致性，即用防御的态势，采用开源和节流双重措施在极低油价下维持公司现金流。所不同的是，我国石油公司因为"七年行动计划"的需要在应对策略上更为积极主动，显示出了有别于国际石油公司的进取态势。因此，两类石油公司在应对疫情和低油价的黑天鹅时，最终表现还是有所区别。

一、生产数据对比

1. 油气产量

2020年五大国际石油公司整体原油产量保持平稳，除了雪佛龙的原油产量同比2019年增加了0.2%，其他4家公司的产量相比2019年都有小幅下降。埃克森美孚产量在5家公司中继续保持最高，为2349千桶/日，同比降低2%。其次为bp，原油产量为2106千桶/日，同比降低4.7%。道达尔产量为1543千桶/日，同比降低7.7%，是5家国际公司中降幅最大的（图4-10）。我国三家石油公司原油产量总体保持平稳略有增长，中石油和中海油同比增加1.4%和1.9%，中石化产量同比小幅下降1.4%。

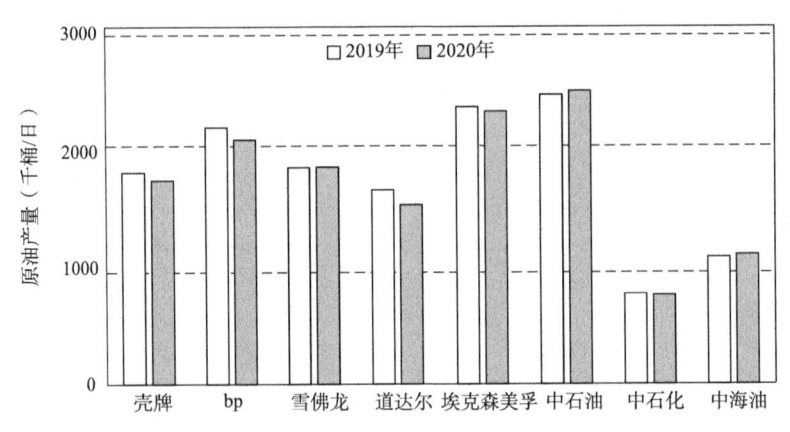

图 4-10 2019 年和 2020 年主要石油公司原油产量对比图
数据来源：各石油公司年报

2020 年，五大国际石油公司天然气产量变化趋势与原油产量一致，即整体保持平稳，除雪佛龙相比 2019 年同比增长 1.9%，其他 4 家国际石油公司的天然气产量都有不同程度的下降。其中，储量结构中天然气占比最高的壳牌产量下降最多，自 2019 年的 10382 百万立方英尺/日下降到 2020 年的 9181 百万立方英尺/日，降幅为 11.6%。我国的 3 家石油公司的天然气产量均保持了稳中有升的趋势，其中中海油增长幅度最高，达到了 14.8%；中石油和中石化分别增加了 7.7% 和 2.1%，相比国际石油公司，整体上依然保持着较高的增长率（图 4-11）。

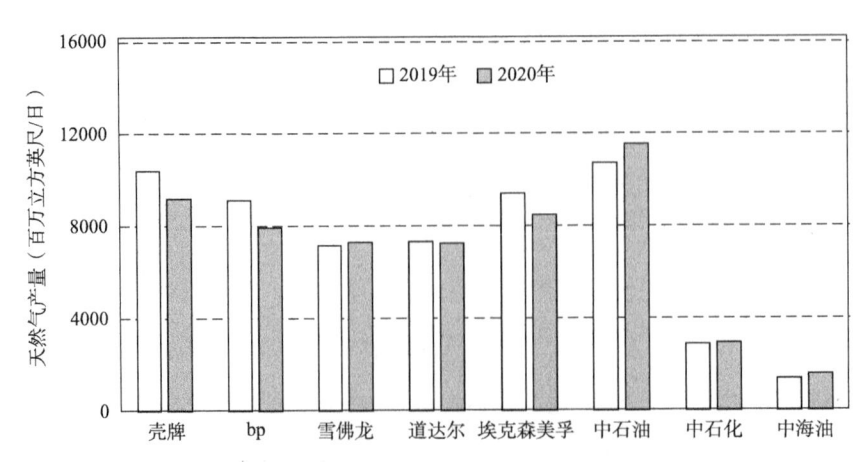

图 4-11 2019 年和 2020 年主要石油公司天然气产量对比图
数据来源：各石油公司年报

2. 成品油产量

2020年受新冠疫情影响，成品油市场需求减少，五大国际石油公司成品油产量也随之整体下降。其中埃克森美孚成品油产量最高，为3773千桶/日，同比2019年减少5.2%，是5家公司中成品油产量减少幅度最小的。道达尔成品油产量同比2019年下降22.7%，是5家公司中减产幅度最大的（图4-12）。中石油和中石化的成品油产量也有小幅下降，中石油成品油产量从2019年的3356千桶/日下降到2020年的3217千桶/日，降幅4.1%，中石化成品油产量从2019年的4608千桶/日下降到2020年的4596千桶/日，小幅下降0.3%。相比国际石油公司，我国成品油产量更为稳定，变化更小（图4-12）。

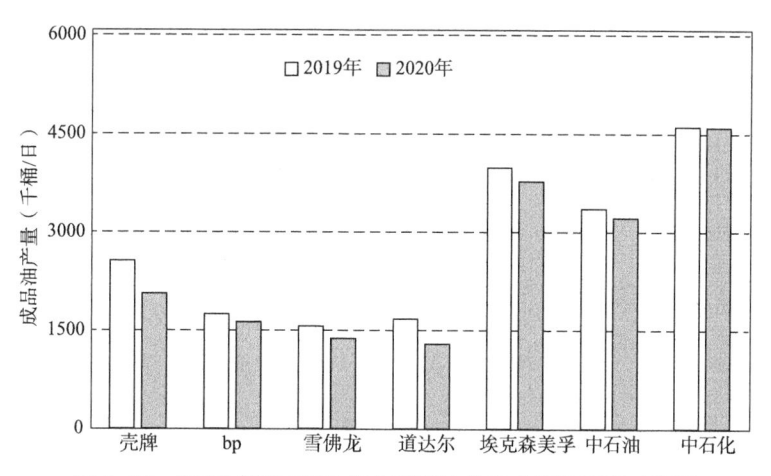

图4-12 2019年和2020年主要石油公司成品油产量对比图
数据来源：各石油公司年报

3. 油产品销量

2020年，五大国际石油公司油产品销量大幅递减，降幅在10%~30%之间。其中，壳牌油产品销售量从2019年的6561千桶/日下降到了2020年的4710千桶/日，降幅高达28.2%，是5家公司中降幅最大的；埃克森美孚的油产品销售量从2019年的5452千桶/日下降到2020年的4895千桶/日，是降幅最小的。中石油和中石化的成品油销量同比分别下降了14.1%和14.8%，与国际石油公司的变化一致（图4-13）。

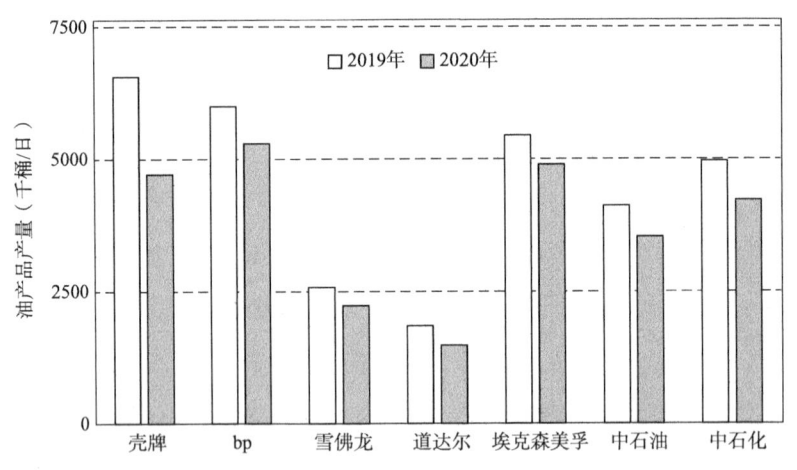

图 4-13　2019 年和 2020 年主要石油公司油产品销量对比图
数据来源：各石油公司年报

二、经营数据对比

1. 经营总收入

2020 年，五大国际石油公司经营总收入相比 2019 年显著下降。收入最高的 bp 在 2020 年全年经营总收入 1835 亿美元，同比 2019 年的 2826 亿美元减少 35%。其次为埃克森美孚，2020 年经营总收入为 1815 亿美元，同比 2019 年收入 2649 亿美元下降 35.7%。经营总收入下滑最严重的是壳牌，2020 年营收 1832 亿美元，同比下降 47.8%，几乎腰斩。雪佛龙和道达尔的营业总收入同比分别下降了 32.5% 和 31.5%。我国的三大石油公司 2020 年的营收也出现大幅降低，下降幅度为 23%~33%（图 4-14）。

2. 经营净利润

2020 年五大国际石油公司均亏损。其中，bp、壳牌、埃克森美孚的亏损额均高达 200 亿美元以上。埃克森美孚亏损最为严重，净亏损 224.4 亿美元，2019 年为盈利 143.4 亿美元。壳牌 2020 年净亏损 216.8 亿美元，2019 年为盈利 158.42 亿美元，利润跌至 20 年来最低，经过资产减记调整后收益为 48.46 亿美元，同比下滑 70.56%。bp 亏损 203.05 亿美元，2019 年为盈利 40.26 亿美元。2020 年，道达尔制定了削减投资支出、控制成本的计划，并

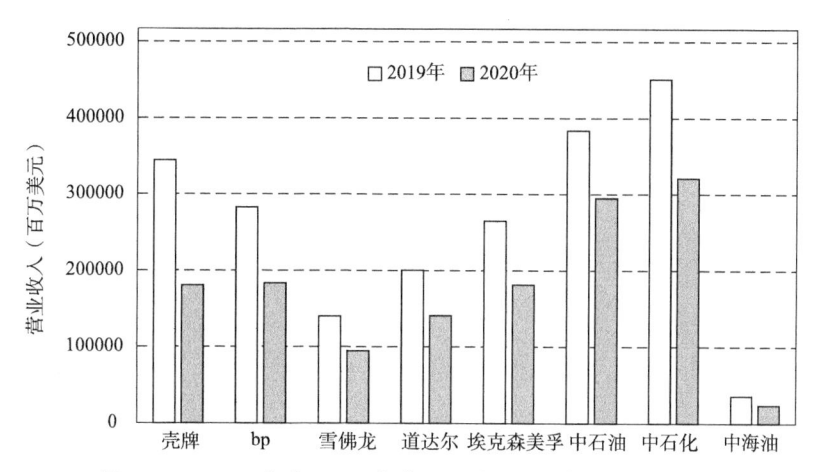

图 4-14 2019 年和 2020 年主要石油公司经营总收入对比图
数据来源：各石油公司年报

实施了大规模的资产减记，净亏损 72.42 亿美元。在全球行业低迷背景下，道达尔是少有的未进行大规模裁员的国际石油公司，而是通过降低公司高管薪酬的方式管控人工成本。相较其他国际石油公司，雪佛龙 2020 年亏损额度相对较少，净亏损 55.61 亿美元（图 4-15）。

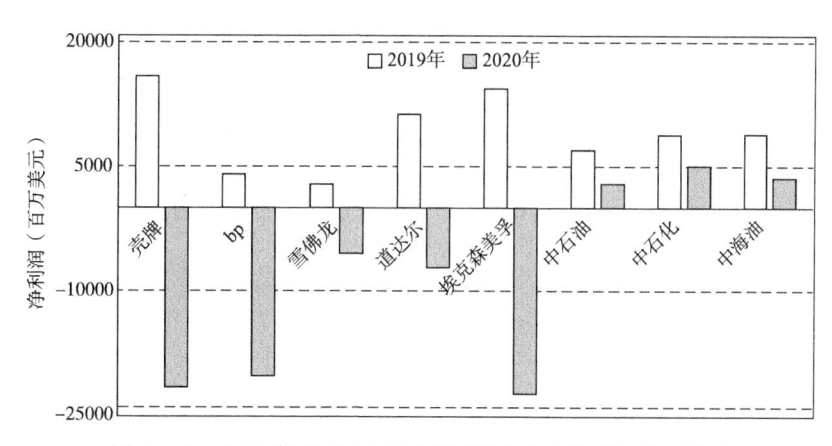

图 4-15 2019 年和 2020 年主要石油公司经营净利润对比图
数据来源：各石油公司年报

我国的 3 家石油公司 2020 年均有盈利，但相比 2019 年都有大幅下降，其中以上游业务为主的中石油和中海油，净利润分别下跌 58% 和 59%，以下游业务为主的中石化净利润下跌幅度相对较小，净利润为 50.72 亿美元，降幅为 42%，是所有石油公司中净利润最高的。

3. 经营现金流

2020年上半年，各国际石油公司经营活动净现金流普遍减少。其中，雪佛龙2020年上半年经营净现金流48亿美元，同比2019年上半年的138亿美元降幅最大，达65.2%。壳牌2020年上半年经营净现金流最高，为174.15亿美元，同比2019年上半年降幅最小，为11.4%。bp 2020年上半年经营净现金流46.89亿美元，降幅仅次于雪佛龙，同比2019年上半年下降61.3%。道达尔2020年上半年经营净现金流47.78亿美元，同比2019年上半年减少51.6%。埃克森美孚2020年上半年经营净现金流62.74亿美元，同比2019年上半年下降56.1%（图4-16）。

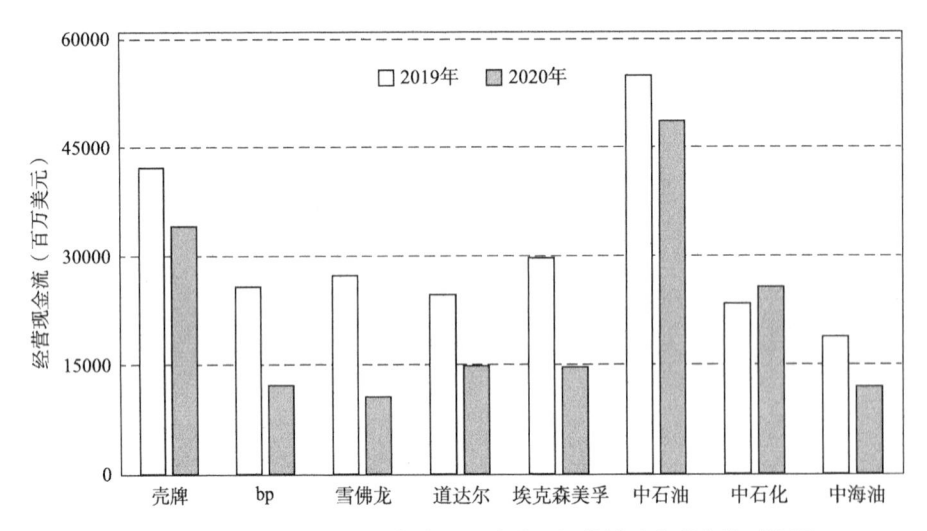

图4-16 2019年和2020年主要石油公司经营活动净现金流对比图
数据来源：各石油公司年报

中石化的经营活动净现金流从2019年的234.18亿美元增长到2020年的256.89亿美元，是各大石油公司中唯一一家增加的。中石油和中海油的经营活动净现金流则分别下降了11.4%和36.7%。可以看出，在低油价时期，以下游业务为主的石油公司拥有更大的经营优势，而仅拥有上游业务的石油公司则受油价下降的影响更大。

4. 资产负债率

石油公司在2020年新冠疫情和油价暴跌的双重打击下，现金流压力较大，普遍加速借债，债务水平攀升至过去 10 年的最高水平，财务风险显著增加。标普公司和穆迪公司均下调了对国际石油公司的评级展望，从"稳定"变成"负面"或从"良好"变成"稳定"，其中埃克森美孚公司的信用评级和无抵押债务评级从"AA+"下调至"AA"。2020 年，5 家国际石油公司平均资产负债率为 25%，较 2019 年上升 5 个百分点。bp 2020 年资产负债率为 31%，比 2019 年上升 5 个百分点，是 5 家国际石油公司中负债率最高的公司；雪佛龙 2020 年资产负债率为 19%，是五大国际石油公司中最低的，但相比 2019 年上升了 6 个百分点（图 4-17）。

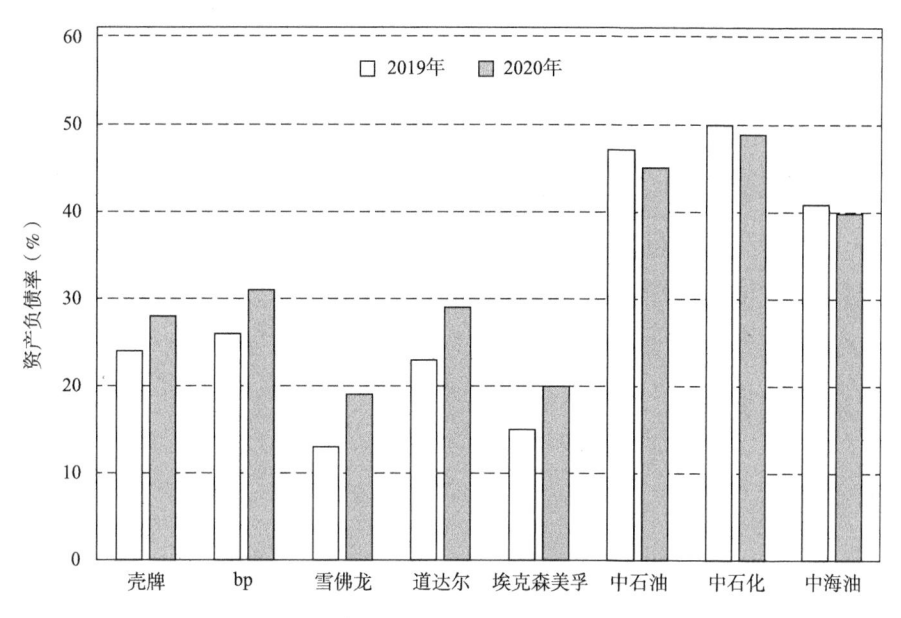

图 4-17 2019 年和 2020 年主要石油公司资产负债率
数据来源：各石油公司年报

我国的 3 家石油公司的资产负债率在 40%~50%，远远大于国际石油公司。在 2020 年，3 家石油公司的资产负债率均有降低，降幅在 1%~2% 之间。

三、对比小结

总体来看，2020 年，五大国际石油公司和我国 3 家石油公司的经营状况差别较大，表现出不同趋势。

石油公司上游业务发展策略研究

通过生产数据的对比可以看到，虽然新冠疫情和低油价严重影响了国际石油市场，但是由于石油生产对于油价具有一定的滞后性，各大石油公司的石油和天然气产量在 2020 年整体上保持稳定。不同的是，国际石油公司的变化趋势是稳中有降，而我国石油公司石油天然气产量整体变化趋势是稳中有升，这与我国 2019 年开始的油气行业增储上产"七年行动计划"有着很大关系，从生产数据来看，中石油和中海油这两家以上游业务为核心的石油企业，均实现了产量的同比增长，甚至油气当量产量增幅都在 4% 以上，创下了近年来的新高。

各类石油公司的成品油产量和油产品销量均有不同程度的降低，也就是说，新冠疫情和低油价带来的一次能源消费量的下降是全球性的，对各个石油公司的影响也是一致的。

通过经营数据对比可以看出，国际石油公司出现大规模亏损，经营表现不佳，而国内石油公司由于疫情防控措施到位，油气增储上产持续推进，石油公司实现了逆势盈利。这与国内石油公司推行多年的降本增效活动都有很大的关系，以上游业务为主的中石油和中海油两家公司也都实现了超过油价下降幅度的营收表现，显示出成本控制上的成效。

第五章

我国石油公司上游业务发展的思考

在前四章分析不同石油公司在不同情形下投资策略和业务布局的基础上,针对我国石油公司发展中存在的问题,结合我国石油公司自身实际情况,对国内国外的上游发展策略进行了思考。

第一节　国内上游业务与资源战略

一、问题与挑战

随着国内陆上石油勘探程度不断提高，我国成熟盆地新发现资源以低品位资源为主，品质整体变差，勘探开发难度不断增大。"十一五"以来原油探明地质储量虽然整体保持高峰增长，但自2008年起岩性地层油藏、特低渗等特殊油藏及非常规油藏在新增探明地质储量中的占比超过50%，技术采收率持续下降。

历经二十余年的快速发展后，我国天然气勘探工作对象由简单的构造气藏转向复杂类型气藏、岩性—地层气藏，由中浅层转向深层、超深层，由常规气藏转向非常规气藏，高陡构造、小断块、低丰度低产岩性、特殊岩性体、碳酸盐岩等强非均质储层的比例不断增长。地表条件方面，山地、沙漠、戈壁、黄土塬、滩海等复杂地形地貌成为新常态。日趋复杂的地下、地表条件导致勘探开发难度不断增大、技术要求越来越高。

资源品质变化，要求相应的勘探开发技术随之变化。就目前看，国内主要石油公司针对深水、非常规等资源的勘探开发技术总体上还处于探索、形成阶段。一方面是技术本身还需要突破，另一方面，一些关键核心技术虽然突破了，但成本高，难以满足低品位资源规模效益开发的要求。

制约国内油气上游业务发展的不仅有资源禀赋和技术瓶颈，还有长期积累形成的体制机制方面的矛盾问题。自2014年我国开始提出包括"能源体制革命"在内的四个"能源革命"，油气产业随之进入了全面改革的阶段。

2019年，国家启动矿业权有偿出让制度改革，要求全面推进矿业权竞争性出让，明确油气探矿权5年硬退出25%，即探矿权新立、延续及保留登记期限均为5年。申请探矿权延续登记时应当扣减勘查许可证载明面积的25%，非油气已提交资源量的范围/油气已提交探明地质储量的范围不计入扣减基数，已设采矿权深部或上部勘查不扣减面积。油气探矿权可以扣减同一盆地的该探矿权人其他区块同等面积，但新出让的油气探矿权5年内不得用于抵扣该探矿权人其他区块应扣减面积（以下简称五年硬退减制度）。2023年油气探矿权5年硬退出比例从25%调整至20%。此次改革意在鼓励社会资本进入油气上游勘探开发市场、推动已占有矿权的石油公司加大勘探投入。伴随着矿业权竞争性出让局面的打开，也出现了一些新的问题：一是造成了国有石油公司发展空间面临萎缩，对上游业务发展造成巨大压力。二是在目前的探矿权登记周期5年内，作业主体很难完成一轮完整的油气勘探。随着国内主要盆地勘探开发对象向"低、深、隐、难"目标转变，油气藏认识周期也在加长，目前一个新的油气区块的勘探周期至少需4~5年。以塔里木盆地为例，塔里木盆地因勘探对象多为超深、复杂油气藏，平均发现—探明周期超过5年，探明—建成周期则更长。三是矿业权有偿出让制度仍不完善，实施以招标、拍卖、挂牌方式公开竞争出让矿权后，多元主体竞争、价高者得，特别是随着资本市场的介入，新矿权的获取成本不断增加。2018年新疆首次挂牌出让塔里木盆地柯坪南、温宿、温宿西3个区块5036平方千米油气探矿权，单位面积平均成交价格达54.39万元/平方千米，是基准价格的77倍（表5-1）。2021年7月新疆准噶尔盆地永丰、塔里木盆地柯坪北1等区块探矿权竞争出让最终成交单位面积价格达24.2万元/平方千米，是竞标起始价的34.6倍。矿业权获取成本的大幅增长进一步压缩了石油公司获利空间，对石油公司的勘探效率提出了更高的挑战。

表5-1 2018年新疆首次挂牌出让油气探矿权成交结果

区块名称	矿权面积（平方千米）	竞得金额（亿元）	单位成本（万元/平方千米）	竞得企业
塔里木盆地柯坪南	2566.13	14.91	58.10	申能股份
塔里木盆地温宿	1086.26	8.67	79.81	新疆能源

续表

区块名称	矿权面积（平方千米）	竞得金额（亿元）	单位成本（万元/平方千米）	竞得企业
塔里木盆地温宿西	1383.79	3.81	27.53	中曼石油
合计	5036.18	27.39	54.39	—

国有石油公司还存在自身的内生动力不足的问题。虽然国有石油公司一直是我国工业企业改革的先行者、探索者，但大而不优、大而不活的问题一直没有得到有效解决，外部竞争不充分和自身遗留的历史问题，都降低了国有石油公司的创新动力和盈利能力。

二、"资源"战略

随着经济和社会的快速发展，我国能源消费不断增长，分别于2009年和2017年超过美国成为世界第一大能源消费国和第一大石油进口国。2020年我国一次能源消费量占全球总量的26%，略低于美国和欧洲的总和（图5-1）。从消费结构看，煤炭占据我国能源消费的主体地位达56.6%，远高于世界平均水平的27.2%，石油和天然气在能源消费结构中合计占比为27.8%，远低于美国的71.2%和欧洲的58.7%（表5-2）。

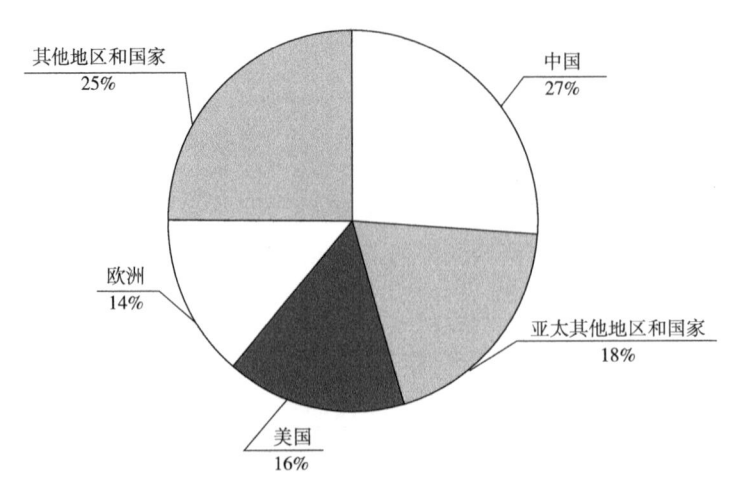

图5-1　2020年主要国家和地区一次能源消费量全球占比

数据来源：bp世界能源统计年鉴（2021年）

表 5-2　2020 年世界主要国家和地区能源消费量占比、能源消费结构

国家/地区	能源消费结构（%）					
	石油	天然气	煤炭	核能	水电	可再生能源
美国	37.1	34.1	10.5	8.4	2.9	7.0
欧洲	33.5	25.2	12.2	9.6	7.5	11.6
中国	20.8	8.1	56.5	2.3	7.7	4.6
亚太其他地区和国家	35.4	17.7	35.9	2.4	4.3	4.2
全球均值	31.2	24.7	27.2	4.3	6.9	5.7

数据来源：bp 世界能源统计年鉴（2021 年）。

即使油气在总消费结构中所占比例远低于发达国家，受资源禀赋的限制，我国依然需要大量进口原油和天然气才能满足消费需求。1978 年我国原油产量跃上 1 亿吨，其后 20 多年里一直稳步增长，2010 年上升到 2 亿吨以上，2015 年达到历史峰值 2.15 亿吨。之后受低油价冲击，2016 年跌破 2 亿吨，2018 年下滑至 1.89 亿吨。2020 年，原油产量回升至 1.95 亿吨，同比增长 1.6%。与此同时，自 1993 年成为原油净进口国后，我国原油消费量增长迅猛，2018 年超过 6 亿吨，2020 年为 7.36 亿吨，同比增长 5.6%，增速远远大于国内原油产量增速。这就造成了我国原油对外依存度持续攀升，2020 年我国原油进口量为 5.4 亿吨，对外依存度 73.5%，已远大于国际能源署（IEA）划定的对外依存度的警戒线。在天然气消费方面，我国在 2018 年超过日本成为世界最大的天然气进口国，2020 年我国天然气总消费量达 3306 亿立方米，进口量达 1403 亿立方米，对外依存度 41.7%。

在国内油气产量难以满足国内消费需求、高度依赖进口的情况下，全球地缘政治格局变化、国际能源格局调整、国际突发事件、能源市场波动都有可能危及我国的油气供应和能源安全。虽然碳中和目标实施后，油气在能源消费结构中的占比可能会逐渐下降，但在当前很长一段时间内油气仍将是保障国计民生不可替代的重要战略物资。

正是这种消费和供给形势，决定了我国石油公司在国内上游必须采取

石油公司上游业务发展策略研究

"资源"战略。此处的"资源"战略是以资源作为公司发展的根本,以提升发现资源和开发资源的能力为发展动力,以提高油气产量为奋斗目标,并在这一目标实现的过程中,通过提升技术、管理和运营能力,实现资源的价值最大化。

坚持"资源"战略,需要辩证看待资源及其价值。西方石油界认为,资源、市场和企业能力是油气资源经营管理的三大要素。资源是石油公司发展的物质基础,市场是推动发展的原动力,企业能力是将资源转化为效益的能力。在当前和今后一段时期,我国国内油气产量都无法满足市场需求,可以认为对我国石油公司而言,市场动力是始终存在的。基于这一判断,在油价无法掌控的前提下,国内油气资源真实的"经济价值"就是取决于"企业能力"。即相同的市场条件下,不同的企业在面对同一资源时,可以获得的"经济价值"是随着企业能力的不同而有差异的。这是竞争得以存在的基础,也是国内加快上游改革的根本原因。

随着工作程度的加深,我国石油公司在国内的勘探开发目标正在逐步转向低品位资源。自然界里低品位资源的数量远大于高品位的数量,今后低品位资源的占比还将日益加大,这是客观规律,国内国外概莫能外。顺应规律,依靠科技进步、科学管理,努力提升企业能力,将低品位资源有效益地开采出来,石油上游业才能持续发展;相反,以僵化的企业能力去筛选资源,石油上游业必将日益萎缩。思维的惯性容易将人们引入"低品位=低效益"误区,实际上,北美页岩油气规模开发已向我们证明随着石油公司自身能力不断提升,低品位资源也能带来良好的经济效益。

油气勘探开发是高投入、高风险行业,这是行业不可违背的基本规律。对于石油公司来说,保障重点区块的投入是资源发现的基本前提。2020年,我国石油产量能够在新冠疫情和低油价的双重冲击下逆势增长,其根本原因还是勘探力度持续增加。加大投入是破除"资源之困"的基础,而石油公司从内部破除束缚发展的体制机制问题则是提升投入效率和效益的重要前提。

第二节　海外勘探开发业务发展策略思考

自 1993 年参与秘鲁塔拉拉油田开发算起，我国石油企业"走出去"已经 30 年了，这 30 年我国石油公司参与了鲁迈拉、卡沙甘等许多有影响力的大型油气田的勘探开发，也成功实施了一系列重大并购活动，在国际舞台上的影响力日渐增强。但国际石油公司实施国际化经营 100 多年，具有丰富的全球资源配置经验。与此同时，主要资源国的国家石油公司日渐强大，从全球范围看，油气资源获取的竞争更加激烈。

一、我国石油公司海外勘探开发业务面临的形势

21 世纪以来，新一轮技术革命与产业变革深刻改变了全球创新版图。全球价值链的深度重构加剧了大国竞争和博弈，大国间的力量对比正在变化。在世界格局变化过程中，地缘政治格局重新调整不可避免。大国激烈博弈、环境保护诉求、有限政策支持、民间社会反对等因素都在客观上加大了我国石油公司参与全球资源竞争的难度。

2007—2009 年的金融危机过后，全球经济中普遍存在的失衡和风险因素由于政策失误而加剧。金融危机和随之而来的经济衰退所暴露的结构性问题还没得到解决，新冠疫情的出现又加剧了这些风险，疫情之后的全球经济迎来大萧条。债务和违约风险难以避免，应对新冠疫情危机导致多个国家的公共债务水平居高不下，甚至难以为继。货币贬值风险也在加大，为应对不断加大的通货紧缩风险，货币政策变得更加脱离常规，且影响深远。短期内，各国政府需要使财政赤字货币化，以避免萧条和通货紧缩。长期看，不断加剧的去全球化导致的永久性的供给面冲击以及新的保护主义只会使滞胀变得不可避免。

石油公司上游业务发展策略研究

去全球化趋势的加剧也影响着我国油气企业在海外的竞争力。疫情的大流行加快了已经出现的巴尔干化及碎片化的趋势。大多数国家都采取了更具保护主义的政策，以减轻全球分裂对本国企业和员工的影响。商品、服务、资本、劳动力、技术、数据和信息的流动受到更严格的限制。而美国与中国之间的地缘战略对峙是这其中最关键的影响，中美两国在贸易、技术、投资、数据和货币协议上的脱钩进一步加剧。技术成为争夺未来各行业控制权的重要武器，美国的私营技术行业将会日益融入国家安全产业复合体，美国及西方国家对我国企业的技术制裁也影响到油气企业。

除此之外，全球勘探程度加深也给资源获取带来了困难。全球新发现的油气田数量从 2011 年的 638 个油气田下降到 2020 年的 161 个。同时，新发现油气田由中浅层逐渐向深层—超深层转移，2020 年深层油气储量占所有新增储量的 27%。海域、非常规和极地已经成为今后的勘探热点，2021 年全球新发现跨国大—中型油气田主要位于大西洋两岸、墨西哥湾和南里海，海域的发现首次超过陆上，深水—超深水成为最重要的增储领域。

二、石油公司全球资源配置能力

资源配置能力是指企业配置和使用人力、资本等各种经济资源进行生产以求得最佳经济效益的能力。资源配置能力越强，就越有可能实现低成本、高利润的目标，从而在竞争中立于不败之地。对于石油公司来说，全球资源配置能力是一种综合的能力，是公司在全球开展业务时高效利用各种资源获得利润的能力。

全球资源配置能力涉及石油公司全产业链的各个方面，目前并没有特定的指标或评价体系，本书用石油公司跨国化指数和资本支出的地域分布情况来简单地对石油公司全球资源配置能力进行分析。

跨国化指数（the Transnationality Index，TNI）是联合国贸易与发展会议（United Nations Conference on Trade and Development，UNCTAD）提出用来衡量一个公司的国际竞争力的指标。

TNI 指数 =（海外资产 / 总资产 + 海外销售额 / 总销售额 + 海外雇员数 / 总雇员数）/3 × 100%

UNCTAD 认为一个企业的跨国化指数越高，其国际化程度就相应越高。在 2021 年全球跨国化指数排名中，五大国际石油公司均稳居前列，这些国际石油公司的中壳牌高居榜首，bp 第二，道达尔第五，雪佛龙第十，埃克森美孚第十一，其跨国化指数 TNI 大多集中在 40%~80% 之间，其中壳牌和 bp 达到了 82% 以上。中国三大油气央企中，中海油 TNI 指数最高，为 34.8%，中石油和中石化分别为 24.7% 和 22.3%（表 5-3），相比五大国际石油公司差距较大。

表 5-3 2021 年 UNCTAD 跨国化指数排名[①]

公司	排名	所属国	资产（百万美元） 海外	资产（百万美元） 总体	销售额（百万美元） 海外	销售额（百万美元） 总体	员工（人） 海外[②]	员工（人） 总体	TNI 指数（%）
壳牌	1	英国、荷兰	376417	402681	276518	331684	59000	83000	82.6
bp	3	英国	259860	295194	215203	278397	58900	72500	82.2
道达尔	5	法国	249678	273865	137438	175985	71456	107776	78.5
雪佛龙	10	美国	172830	237428	75591	140156	22800	48200	58.0
埃克森美孚	11	美国	169719	362597	123801	255583	35058	74900	47.4
中海油		中国	69517	176882	65071	108065	4671	94000	34.8
中石油		中国	133636	595935	171756	410023	122704	1266400	24.7
中石化		中国	90492	328607	132500	443308	39658	423543	22.3

数据来源：UNCTAD。
①数据基于公司财务报告；对应于 2019 年 4 月 1 日至 2020 年 3 月 31 日的财政年度。
②外国就业数据是通过将上一年度外国就业在总就业人数中所占的份额应用于 2019 年总就业人数估算取得。

对石油公司而言，跨国化指数反映了公司已经形成的资源布局，资本支出的地域分布更能反映公司的战略倾向。国际石油公司资本支出更为均衡，地域相对分散，一般资本支出最大的区域所占用的资金也不超过当年公司总资本支出的 50%（图 5-2），2019 年雪佛龙、壳牌、埃克森美孚、bp 最大资本支出区域均位于美国。中石油、中石化的上游资本支出 80% 以上都在中国本土，中海油与国际石油公司差距较小，有约 51% 的资本支出集中在中国本土。

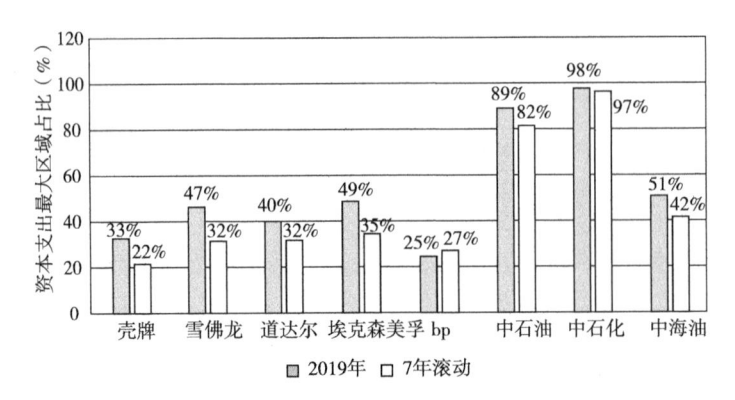

图 5-2　2019 年及 2013 年—2019 年平均资本支出最大区域占比

数据来源：各石油公司年报

三、"提升资源全球配置能力"的若干问题与思考

对于石油工业上游业务来说，提升全球资源配置能力需要面临的首要问题是获得海外勘探开发项目，针对这一问题，总结了 5 个重点问题，这些问题是石油公司跨国勘探开发必须要考虑的。

1. 国际勘探开发项目获取途径的选择

石油公司获取油气勘探开发项目的方式主要有 3 种：资源国政府招标或双边谈判、石油公司之间项目权益或公司股权的转让，以及收购中小石油公司或购买上市公司股票。

政府招标是获得勘探开发项目，尤其是勘探项目的常见形式，一般包括公开招标和有限招标两种形式，按照对投标时间的限制又可以分为定期招标和连续招标。公开招标指资源国政府公开发布招标消息，信息对所有公司开放。有限招标是资源国政府或国家石油公司预先选择若干公司并通知或邀请他们投标，这些公司多是具有较强的实力或者一定的技术优势。定期招标是要在规定时间内完成招投标工作，连续招标没有截止日期，只要是公开招标的区块没有中标之前就可以继续投标。招标的特点是公开、公平、公正，相对比较规范，但参与竞争的公司多，竞争比较激烈。

有些资源国为了吸引投资者会采用招标和双边谈判相结合的方式，或全部进行双边谈判。这种情况下石油公司可以以投资者的身份主动提出合作区块的建议，并在谈判过程中提出有利于自身的合同条款。但是，许多发展中资源国的招标和双边谈判不规范，具有很大的任意性，整个过程可能面临各种不确定性风险。

向政府投标或进行双边谈判，既可以单个公司进行，也可以组成公司集团提高综合竞争力。我国石油公司拥有较强的作业实力，可以考虑联系有资金而无作业能力的公司以及一些与资源国政府有较好关系的公司组成集团，建立"以我为主，多方参与"的海外油气业务集团，增强整体竞争实力。国际石油公司经常会通过这种"组团"方式来增强实力获取大项目，如1993年以bp为首的AIOC集团获得了阿塞拜疆阿奇久油田项目（英文缩写为ACG）；1998年，以意大Eni-Agip公司为首，壳牌等7家知名石油公司参与OKIOC联合公司获得了哈萨克斯坦卡沙甘项目（详见第一章第一节）。

石油公司之间的区块权益转让也是获取海外勘探开发区块的途径之一。区块权益转让不涉及石油公司的股权，是国际石油公司常用的一种方式。转让的理由多种多样，如战略调整、分担风险、资金筹措困难、经营方向改变、地区重点转移等。如前文提到的卡沙甘项目，bp、Statoil 2001年退出后将权益转让给了OKIOC。

权益转让的区块类型很多，如纯勘探区块、有发现的勘探区块和不同采出程度的油气田。权益转让的类型有部分权益转让和全部权益转让。海外区块权益转让协议一般要经资源国政府批准才能生效。如果只获得部分权益，还要签订伙伴间的联合作业协议。此外，还有一些小型石油公司把获得区块许可证和转让许可证获利作为盈利的主要方法。

石油公司之间股权购买和全公司并购这种活动是长期存在的。购买中小私营石油公司是国际石油公司经常使用的拓展资源、扩大公司规模的手段之一。世纪之交时，公司之间的兼并购达到了高潮，bp先是并购阿莫科，后又收购了阿科；接着是埃克森（Exxon）合并美孚（Mobil）、道达尔兼并菲纳和

石油公司上游业务发展策略研究

埃尔夫、雪佛龙合并德士古，传统的"石油七姊妹"除了壳牌基本上都参与了这一场世纪大并购，五大国际石油公司的格局也是在这一时期成型的。公司之间的兼并购不仅可以壮大公司规模、增强公司实力，也是打开新市场的快捷办法之一，1996年美孚收购了澳大利亚一家上游油气公司Ampolex，获得了2.7亿桶油当量的储量和正在生产的油气田，这一举动使美孚顺利进入了澳大利亚西北部大陆架油气远景区。兼并购这种资产化经营方式也是优化自身储量资产质量的重要手段。2016年，壳牌完成了对BG（英国天然气公司）的收购，创下了约820亿美元的收购纪录，是自1998年埃克森收购美孚以来油气行业规模最大的收购交易。收购BG后，壳牌的资源基础得到了很大改善，2016年壳牌储量较2015年增长13%，储量接替率高达212%；石油产量较2015年增加了24%，天然气产量较2015年增加了15%，产量在五大国际石油公司中跃居第二，仅次于埃克森美孚。

不仅是国际石油公司，一些在世界油气勘探开发市场上活跃的国家石油公司，如马来西亚国家石油公司、巴西国家石油公司、印度国家石油公司、科威特国家石油公司等，也通过收购和参股油公司的方式增强自己在全球的资源配置能力。我国的石油公司在"走出去"之后，也多次采用这种方式，如中石油于2005年10月收购哈萨克斯坦PK石油公司，获得了PK公司在哈萨克斯坦的12个油田的权益、55亿桶石油储量、6个区块的勘探许可证，极大地提升了公司在哈萨克斯坦的资产规模。

总之，实时关注并跟踪资源国或其他公司的区块权益、股权转让信息，通过收购区块或股权，实现公司规模扩张和资源优化，是提升石油公司资源全球配置能力的重要途径。

我国石油公司可根据自己的实力、投资能力和战略要求，确定收购的规模。但需要清醒看到的一点是，虽然海外油气资源收购是石油公司快速成长的手段，但是客观上存在着很多风险，包括但不限于标的选择不合适、出价过高、未能做好尽职调查、不合规、交易整合准备不充分等，系统的风险管控对兼并购活动必不可缺。

2. 项目进入时机的选择

不论用哪一种方式获得石油项目都要有一定的代价，掌握合适的时机是用较少的代价获得较好项目的关键因素之一。

对于开发项目而言，经济效益最敏感的因素是油价和产量。一个产量基本固定的油田，项目的经济效益基本上决定于油价。因此在高油价时，其进入和转让条件相对比较苛刻，代价较高，此时进入开发项目，一旦油价下跌，利润可能很低，甚至低于成本。而在低油价时获得油田项目较为有利，特别是一些资金实力较弱的油公司，在低油价时发生资金运作困难而急于脱手的油田项目。我国石油公司具有较大的抗风险能力，在低油价时可以用较低的价格收购中小石油公司或转让油田项目的权益。基于油价有周期性起伏的特点，继低油价之后必然出现高油价，从而可以获得更大利润。

相对开发项目而言，油价对勘探项目的影响比较小。勘探项目最大风险是能否发现商业性油田。从开始勘探到发现商业性油田要经历较长时间，在这段时间内，油价可能会发生不止一个周期的起伏，油田生产时的经济效益取决于当时的油价。所以在高油价时，并不妨碍获得勘探项目。

国际上的重大政治事件和经济事件，资源国的重大政治事件和经济事件，都是选择项目进入时机的重要因素。如"9·11"事件后，恐怖活动时有发生，西方国家和石油公司对此十分重视，退出一些敏感国家的项目。下一段时期内各国的金融危机也时有发生，与其有关联的石油公司有可能出现经济困难而转让区块。我国石油公司要增强全球资源配置能力，必须密切注意重大政治和经济事件的影响，密切注意各石油公司，尤其是中小型石油公司的转让意图，寻找获得油气项目的最佳时机。低油价时期，我国石油公司利润也比较低，资金比较紧张，很容易错过这种时机。

总体来看，油价的变化是表现出周期性的，即使在油价相对平稳期间，也存在着相当大幅度的周期性变化。在最近一轮的国际油价起伏周期中，油价从2014年的100美元/桶左右，下跌至2016年的34美元/桶上下，再到2018年上涨至70~80美元/桶，变化幅度之大比起20世纪末不遑多让。这

石油公司上游业务发展策略研究

种存在剧烈波动的周期性变化造成了海外项目进入最佳时间窗口相对难以把握，需要我国石油公司持续跟踪分析全球油气资源并购市场，明确其阶段发展特点及趋势。同时加强对上游战略的研究，进一步提高研判国际油价走势、海外油气资源评价与经济评价的能力。

历史经验告诉我们，油气资产并购的窗口期往往在油价暴跌1~2年之后出现，2021—2022年国际石油公司在全球油气并购市场上表现得非常谨慎，并持续剥离非核心资产，但也应该注意到它们通过并购不断调整资产结构，使之更符合公司长期战略目标。全球石油资源收购关注的热点聚焦在部分北美页岩油气资产、非洲和南美地区深水勘探资产以及非洲、亚太地区天然气开发资产等。关注这些热点地区和领域，开展目标公司和目标资产的研究和筛选工作，才能在合适的时机通过并购改善资产质量，提升公司全球资源配置能力。

3. 项目类型的选择

油气勘探开发项目最大的风险是地下资源风险，除此之外，国外的项目还要考虑地缘政治、合同条款、油价波动等风险。油气勘探开发项目可以简单地分为油田开发项目和勘探项目，勘探项目风险比开发项目风险更大，主要因为勘探项目对地下资源的了解程度比开发项目低得多，存在地质、工程等多重不确定性。我国石油公司的跨国经营虽然已经历了30多年发展，但与老牌国际石油公司相比，对风险活动造成的损失的经济和心理承受能力都更低，且这些国际大石油公司和资源国的国家石油公司已占据了有利位置，因此在进入一个新的资源国初期，应以油田开发项目为主。

油田开发项目可以分为新油田开发和老油田开发，其中新油田的地下资源风险最小。只要有足够资料，地质储量、可采储量、采油指数等油藏特性都可以计算出来，也可以编制出开发方案和合同期的生产剖面。因此新油田比较接近确定性项目，应成为合作首选项目。但是这类项目机会很少，而且要么要价很高，合作条件苛刻，要么市场条件差且开发难度大，开发技术要求高。

老油田的项目相对比较复杂，除了评价原始地质储量和可采储量，更重要的是要计算出它的累积产量和剩余可采储量，研究剩余油的分布。要详细分析每口生产井和注水井的井史资料，而且要应用新的采油工艺来提高老油田的可采储量和单井产量，以及探索发现新的油层和新的油藏的可能性。实践证明，油田越复杂，发现新层新油藏的可能性越大。原来使用的开采技术越落后，未来产储量提高的可能性越大。对老油田的价值估计过高就难以收回投资，如果看不到潜力就会失去合作机会。

勘探项目风险相对油田开发项目高。勘探项目的特点是风险大，一旦失利，投资全部沉没。优点是进入费用比较低，每个勘探阶段的义务工作量不是很大。而勘探一旦成功，收益可能很高。

传统上，为了减少风险，对海外勘探项目通常采取比较谨慎的态度。项目首先从宏观的角度分析盆地的类型，选择已发现油气田的盆地比较稳妥，尤其是潜力较大的已发现油气田的盆地，即中等勘探程度的已发现油气田盆地。随着经济实力的增强和对国外地质资源分布的深入了解，我国石油公司逐步增加海外勘探项目的投资。截至2021年底，中国国有石油公司通过自主勘探在海外共发现5个十亿吨级、5个五亿吨级和18个亿吨级的油气田，其中陆上的重要发现以中石油作业者项目为主，包括苏丹/南苏丹、乍得、哈萨克斯坦等国家的大型风险项目；海上的发现主要是三大石油公司参与的深水项目，位于巴西、圭亚那等国家。

项目选择时还需要充分考虑我国石油公司在技术和人力上的优势。我国有各种类型的陆相盆地和各种类型的砂岩油田，在这类盆地的勘探开发上有着比较成熟的技术和丰富的经验，积累形成了包括陆相盆地勘探、超深层勘探、三高老油田开发、三低难动用油田开发等系列复杂油气藏勘探开发特色技术。在充分运用国内特色技术的基础上，结合所在地区地质特点集成创新，形成先进适用的勘探开发配套技术，将会极大提高我国石油公司海外运营项目的能力。

以中亚为例，中亚地区油气资源丰富，但大多属于"老油田、高气油比、

石油公司上游业务发展策略研究

高含硫、深层、难动用"五类勘探开发难度较大的领域，工程报废井多，西方公司望而却步。我国石油技术人员在进入该区域后，通过加强区块综合地质研究，提高盐下地震成像质量，推广层序地层学工业化制图技术以及三维连片处理和叠前时间偏移、深度偏移处理技术，综合运用地震、测井资料配套识别裂缝、低阻及岩性油气藏技术，使老区滚动扩边、新区风险勘探取得重大突破。2006年在哈萨克斯坦发现地质储量达1.98亿吨的北特鲁瓦油田（希望油田），是该国独立以来最大陆上油气发现。在油气开发方面，土库曼斯坦阿姆河右岸气田普遍高压、高温、高含硫、高氯根、高二氧化碳、高产量，前苏联钻探成功率仅为30%。中国石油阿姆河公司与川庆钻探联合集成应用新技术、新工艺、新材料，形成适用、先进的钻井工艺配套技术，以及具有世界先进水平的地面建设工程新技术，开创了7项土库曼斯坦钻井纪录，实现阿姆河气田"稀井高产、少井高效"，单井产量和气田产能都翻了一番。

4. 参与角色的选择

一个油气勘探项目如果不是一家公司单独经营，而由一个公司集团经营，则通常有两种组织形式，一种是成立作业公司，另一种是由一家公司担任作业者，其他公司为非作业者。在后一种项目组织形式中，对于作业者和非作业者的能力要求是不同的。

理查德·贝利（美）在《国际石油合作管理》中扼要地点明了国际石油公司争当作业者的一个重要原因："石油公司对作业者地位的争夺经常是十分激烈的，这说明作业者地位是一项有价值的资产。毫无疑问，作业者地位的价值在于作业者的利益可能公平合理地出现在其资产负债表上。"作为被众多合作者激烈竞争的作业者，可以通过掌控油气资源提升公司发展的物质基础，通过合并报表提升公司的收入和利润，通过构建差异化的成本回收模式谋求超额投资回报，在勘探、生产、项目管理、技术支持等核心业务领域快速培育能力，加速培育人才与领导力，加速构建统一的、全球化的运营管理体系，通过"滚动发展"快速增强公司影响力，形成统一的、全球化的品牌与文化，实现较大范围的协同效应和价值创造等。

相对应的是,"当作业者"作为一种战略,在实施的过程中肯定会遇到这样或那样的问题,会面临着更多的挑战,如投资及投资回报的压力,合作伙伴之间利益和诉求的平衡,承担无限连带责任,来自资源国政府及社会的压力等。

从能力而言,我国石油企业经过多年的跨国经营的实践证明完全有能力当作业者,而且当作业者的愿望比较强烈。但能否当作业者还由多种因素决定,目前我国石油公司海外业务正在迈入高质量发展阶段,其经营模式也呈现多元化态势,既有发挥优势当作业者的项目,也有与合作伙伴共同经营、联合作业的项目,还有与国际大石油公司合作、以小股东和非作业者身份参与的项目。据不完全统计,截至2020年底,中国三大石油公司国际业务中的非作业者项目有近100个,项目数量以及权益投资规模均占海外总投资规模的半壁江山。作为非作业者,参与这些项目可以扩大项目选择的范围,增加与国际大石油公司合作的机会,从合作中学习跨国经营的各方面经验。

5. 项目评估是项目成功的基础

找到勘探开发项目是海外石油经营的第一个环节,也是基础。但如果所获得的项目评估的结论和实际情况相差很大,也很难有好的结果,因此项目的评价优选是关键环节。

海外项目评估是一项难度很大的工作,存在着多方面的风险。一是时间短,一般情况下,国外油气勘探开发项目招标信息公布到投标截止的时间非常有限,多数有3个月左右,有些甚至只有十几天的时间。二是评价内容多,勘探开发项目需要完成地质、作业条件和技术经济评价等内容,如果是公司参股或收购项目,还涉及大量资产、债务等财务状况和公司结构和法律方面的调查,任何一方面的疏漏都可能使评价产生失误。三是有可能不能获取全部资料,影响评价结论。有时某些招标的资源国会有意隐瞒某些关键性的资料,如已钻的干井;有的资源国分批提供资料,在投标时仅提供好的资料;招标资源国或权益转让方有意夸大有利方面的信息,而缩小不利方面信息,这些都可能导致错误的结论。

对于石油公司来说,要优化海外资产,提升资源全球配置能力,必须形成高水平多学科的项目评价团队。这种评价研究机构不同于一般研究机构，需要具有项目评价的综合功能，熟悉国际项目评价的基本方法，能够以公司的战略为指导，对全世界的地质资源、投资环境、合同条款进行研究并优选出勘探开发目标，根据公司战略主动寻找和获得区块。评估团队自身的技术素质对项目评估结论的影响是决定性的，过高或过低估计项目的经济价值和潜力，从而不切实际地作出肯定或否定的结论，都会造成损失。除了技术素质方面，评估者的心思素质也会影响结论，以比较乐观的态度来对待各项资料，容易做出过高评价。

此外，石油公司还需要建立一套勘探开发项目的评价优选程序，即按机会选择预可行性研究，可行性研究的层次确定评价的内容、要求和审批程序。实行分级淘汰制，在广泛的机会选择的基础上，优选预可行性项目，在预可行性项目评价基础上，确定可行性项目，并根据公司海外业务战略做出最终决策。

总之项目评价优选要有成熟的机构、完善的制度和程序，才能减少评价风险。

第三节　合理利用国内外两种资源

我国石油公司经过30多年的艰苦努力，2020年境外权益产量达到1.66亿吨油当量，业绩不俗。实践证明了利用"两种资源、两个市场"有巨大空间。国内国外两种资源的合理利用，不仅关系到石油公司的发展战略，也关系到国家能源安全，需要通盘考虑国家和公司的利益。

平衡国内国外资源产量，涉及近期利益和长远利益，国家利益与公司利益的关系，需要找到一个恰当的平衡点，做出科学可行的决策。石油公司应在满足国家战略需求的前提下，追求整体效益最大化，合理调节国内国外石油天然气产量。在世界石油供需关系相对比较宽松的时期，只要经济上可行，在通过贸易等手段可获取充分油气商品的前提下，中国完全可以更多利用国外资源，保存一部分国内资源，以保障出现石油短缺比较严重、油价高涨的情况下，国内资源可供开采。

基于石油上游业高风险、长周期的特点，低产井，尤其是高含水、高含蜡油井关井后不易开井等特点，石油公司合理调节国内外产量，同时也意味着对国内资源不能"嫌贫爱富"，相反在高油价下要抓紧时间在国内积极勘探开发，多建产能，视油气进口难易程度决定国内的开采强度。这种平日里努力开采"低品位"资源，非常时期动用"富集高产资源"的策略，在国外有许多成功实例，比如荷兰的"小气田政策"。20世纪50年代末，荷兰发现了欧洲最大的气田——格罗宁根气田（Groningen），该气田地质储量约25000亿立方米，1976年生产能力最高时达到800亿~900亿立方米。荷兰在陆地与北海领海区域，也存在大量的"小气田"。为保证天然气稳定供应，荷兰将格罗宁根气田作为天然气储备基地，以满足季节性调峰的需要，荷兰政府推出了鼓励小区块和海上区块油气生产的"小气田政策"，即：优先开发格罗宁根周围的小气田，给予这些小气田开发的天然气进入管网的优先权，以保证企业随时卖出生产的天然气。在财政税收措施上，荷兰政府为鼓励小气田的勘探开发活动，实施了加速折旧、降低矿权使用费等一系列政策。投入开发半个多世纪后的2014年，格罗宁根气田天然气年产量仍有540亿立方米，而小气田也有260亿立方米的产量。

在目前世界石油市场风云变化的背景下，坚持"两种资源，两个市场"策略，做好战略统筹，牢牢抓住每一个机遇增强全球资源配置能力，是我国石油公司向世界一流企业迈进的必修课。

参考文献

达巍.2015.2014年国际乱象评析：太阳底下原无那么多新鲜事[J].现代国际关系，30（2）：3-4.

孙豫宁.2016.2015年世界政治思潮的主要特点[J].当代世界，22（4）：43-45.

（美）H.S.康马杰.1988.美国精神[M].北京：光明日报出版社.

王云芳.2016.全球化进程中西方民族主义意识形态透视——以2015年世界民族热点事件为例[J].黑龙江民族丛刊，32（3）：68-73.

赵晓春.2017.2016年国际形势中的几个突出问题[J].思想理论教育导刊，24（1）：63-67.

宋德星.2018.新时代·新动能·新趋势——从2017年世界形势看国际战略演进大趋势[J].世界经济与政治论坛，38（1）：1-22.

何平，熊庭.2017.2016年世界政治经济形势评论[J].吉林大学社会科学学报，57（1）：117-127.

陆燕.2016.世界经济2015年回顾与2016年展望[J].国际商务财会，30（1）：20-25.

张宇燕，徐秀军.2015.2014—2015年世界经济形势回顾与展望[J].当代世界，22（1）：6-9.

姚枝仲.2018.2018年世界经济展望[J].国际贸易，37（2）：4-7.

赵鲁涛，姜寿明，安润颖，等.2016.2016年国际原油价格分析与趋势预测[J].北京理工大学学报（社会科学版），18（2）：8-12.

姬强，刘炳越，赵万里，等.2017.2017年国际原油市场走势分析与价格预测[J].中国科学院院刊，32（2）：196-201.

张抗.2016.低油价新观察（上）：动荡的产油国[J].能源，9（10）：82-87.

李树峰，张玺，蒋平，等.2018.国内外石油公司项目前期投资决策比较分析[J].国际石油经济，26（11）：72-77.

李志鹏，左鹏举，杨传英，等.2018.bp翻身[J].计算机仿真，35（8）：101-105.

朱润民 . 2018.bp 断腕后再出重拳 [J]. 中国石油石化，21（16）：34–38.

（美）迈克尔•波特 . 1997. 竞争战略 [M]. 北京：华夏出版社 .

吕建中 . 2015. 基于创新驱动的石油公司成本领先战略 [J]. 国际石油经济，23（7）：1–7.

吕建中，杨虹，袁磊，等 . 2015. 低油价下国际油气行业技术创新战略动向分析 [J]. 国际石油经济，23（12）：16–22.

霍健 . 2017. 基于 SCP 范式的"后石油时代"石油产业组织演进研究 [D]. 中国社会科学院研究生院 .

罗佐县，周新科，卢雪梅 . 2015. 低油价下石油公司运营策略分析 [J]. 国际石油经济，23（4）：51–58.

bp. 2019. 世界能源展望 2019 版（中文版）[Z]. 伦敦，131.

余岭，熊靓，林晓红，等 . 2019. 复苏形势下世界领先石油公司战略选择 [J]. 石油科技论坛，38（1）：49–55.

冯玉军 . 2019-07-05. 国际能源战略格局加速盘整，中国应该如何作为？[EB/OL]. https：//pit.ifeng.com/zhanluejia/special/zhanluejia002/.

冯玉军，庞昌伟，许勤华，等 . 2018. 俄罗斯在国际能源战略格局变化中的地位及中俄能源合作 [J]. 欧亚经济，34（3）：1–69.

IEA. 2018. Global EV Outlook 2018 [Z]. 136.

IEA. 2017. Digitalization & Energy[Z].188.

林益楷 . 2018. 石油企业推进数字化转型趋势分析及建议 [J]. 国际石油经济，26（11）：10–19.

张安，仇珍珠，闫建涛 . 2016. 油价新常态下国际石油公司的应对之策 [J]. 国际石油经济，24（3）：1–9.

侯明扬，杨国丰 . 2014. 美国页岩油气资源开发现状及未来展望 [J]. 国际石油经济，22（8）：63–68.

景东升，董立功，魏东 . 2014. 2013 年全球油气资源勘探开发形势分析 [J]. 国土资源情报，15（4）：17–19.

李文 . 2012. 国际大石油公司社会责任理念与最新责任管理实践 [J]. 国际石油经济，20（9）：38–44.

李文 . 2012. 责任救赎 价值提升：bp 集团 2011 年可持续发展报告解读 [J]. WTO

经济导刊，11（9）：53-55.

罗佐县，陈嘉林．2013.跨国石油公司结构调整效应论评[J].石油科技论坛，32（4）：37-42.

罗佐县．2014.与众不同的bp[J].中国石油石化，17（9）：30-38.

马晓东．2014.美国OPA90下墨西哥湾油污损害赔偿问题研究[D].厦门：厦门大学.

牟雪江．2012.bp赢利在剥离与回报间[J].中国石油企业，29（11）：44-48.

牛华伟，郑军，曾广东．2012.深水油气勘探开发——进展及启示[J].海洋石油，32（4）：1-6.

苏穗燕，张蕤．2013.2012年国际大石油公司经营业绩与发展动向[J].国际石油经济，21（4）：32-37.

孙晓宇．2015.世界一流石油公司HSE管理及体系对比分析[J].安全、健康和环境，36（7）：1-4.

单卫国，龚金双．2013.生产西移 消费东进——全球油气供需格局分析[J].中国石油石化，16（4）：46-53.

张蕤，黄怡冰．2011.反思墨西哥湾事故，bp公司转变发展理念和模式[J].国际石油经济，19（6）：62-65.

张蕤，苏穗燕．2014.2013年国际大石油公司经营业绩与战略动向[J].国际石油经济，22（7）：17-23.

赵秀娟．2012.bp东山再起[J].中国石油企业，29（3）：30-31.

侯明扬．2022.2021年全球油气资源并购市场特点及前景展望．国际石油经济，30（3），20-27.

侯明扬．2023.2022年全球油气资源并购市场特点及前景展望．国际石油经济，31（3），24-32.

中国石油新闻中心．2022-03-04 加快推进油气储备体系建设[EB/OL]. http://news.cnpc.com.cn/system/2022/03/04/030060833.shtml.

查全衡．"两种资源，两个市场"应互为表里[N].中国能源报，2015-2-16（2）.

各公司年报（2009—2019）.

说明：以上为主要参考文献，其他数据引用文献见报告内标注。